给青年班主任的建议

于洁——

著

长江出版传媒　长江文艺出版社

图书在版编目（CIP）数据

给青年班主任的建议 / 于洁著. -- 武汉 ： 长江文
艺出版社，2024. 7. -- （大教育书系）. -- ISBN 978
-7-5702-3656-5

Ⅰ. G451.6

中国国家版本馆 CIP 数据核字第 20245A47C2 号

给青年班主任的建议

GEI QINGNIANBANZHUREN DE JIANYI

责任编辑：马　蓓　　　　　　　责任校对：毛季慧

封面设计：天行健　　　　　　　责任印制：邱　莉　王光兴

出版：长江出版传媒　　长江文艺出版社

地址：武汉市雄楚大街 268 号　　　邮编：430070

发行：长江文艺出版社

http://www.cjlap.com

印刷：武汉中科兴业印务有限公司

开本：710 毫米×970 毫米　　1/16　　　印张：16.75

版次：2024 年 7 月第 1 版　　　2024 年 7 月第 1 次印刷

字数：236 千字

定价：45.00 元

序：怎样在教育中做到进退自如

在我的工作中，除了努力和坚持，还有一些更重要的东西在主导着，并起到了重要作用。我很愿意和大家分享一下。

1. 闲时吃紧、忙时悠闲

这是我对待生活和工作很重要的一个态度，其实就是找到一种平衡。

我有一个习惯，每天早晨上班之前，我一定会静坐 5 分钟。在忙碌的一天开始之前，我让自己先定定神。

再忙也要想方设法让自己悠闲一会儿。比如在埋头苦干批改作业一阵后，我会沿着操场走一圈，我不允许自己一直弯梗着脖子，我要让自己稍微调整一下，回来工作效率反而更高。

难得比较悠闲的时候，我会坐在那里，理理头绪。比如把我资料库里最近五年来写的文章理一理，这有点像空闲的时候打扫一下家里卫生。

在我的课表里，星期四相对空闲时间多一些，我就会在星期四去做占用时间比较大块的一些工作。星期一是我一周中最忙的，我就不给自己再多加分量，这样就保持了一种精神上的平衡，一天中不会忙得要垮掉，也不会闲得把时间都浪费掉。

人生无非就是处理平衡各种关系，工作与生活的平衡，忙碌和悠闲的平衡，快乐和不快乐的平衡。

2. 保持源头活水

很多老师都跟我说，你一直在分享你的带班方法，在带徒弟，会不会担心自己的一套功夫全部都被别人学过去了？

我想不会。因为我一直在做，一直在分享，那我这条河流就一直处于流动的过程中，这种流动反而促使我不断地得到。

你吃到美味的东西，把美味跟别人分享，这样的话你会得到一种快乐。作为师父我就是要不停地探索，在前面探路，带着徒弟们一起走，一起看风景。

平时，大家其实可以在自己的小办公室中形成一种分享的氛围，集思广益，你在讲给别人听的同时，你自己也得到了很多东西。

3. 减掉一些欲望

比如读书，没有任何功利性地读书，会真正读出书中的滋味，读到某个地方觉得好看得不得了的时候会拍案而起，恨不得抓个人来分享，这个时候就真正进入了一种境界。

以此类推，你在工作中，在带班级的时候，在跟学生交流的时候，在跟家长交流的时候，如果不带一点功利心，就是一门心思想做好这件事情，可能就可以达到一种很高的境界。

比如你已经为一个学生做了很多努力了，但是他还是没有进步，还是老样子，你是不是就会很沮丧？因为你在教育这个学生时带上了功利心，想着最好不久就会有收获。

比如我写文章，写完后往公众号上一发，我很兴奋，因为这些东西之前憋在心里面，现在我一吐为快。我写作的目的就是我想写，怕这个事情不写就烂在肚子里面，这就是带着比较纯净的心思在创作。

4. 性格中有侠气孩子气

有侠气很容易交到真心的朋友。

跟学生相处的时候，我身上也有侠气，比如学生遇到困难了，我的侠气便会上来：放心，有我帮你！

就算到了五十几岁，我还是一个很有孩子气的人。放学了，其他学生都已经走了，我站在讲台前整理东西，明天的值日班长正在把明天的课表写在黑板上，我一回头就看见她了。正好我口袋里面有一小包山楂片，我拿出两片，放到值日班长嘴边，她很惊喜，我也往我嘴里塞了两片山楂片，我们俩便一边嚼着一边做事情，都很开心。

这叫素心做人，就是待人真诚，赤子之心。

当我有侠气的时候，我是一个成年人，我激励着学生一路向前走，不要怕，我可以推动这些孩子。当我有孩子气的时候，我会示弱，反而会激起学生的积极性。

一个老师，要有这样一种自如的切换。

5. 辩证对待至暗时刻

班主任工作中至暗时刻还挺多的，但往往至暗时刻也孕育着希望。

在工作中遇到困难的时候，老师们要有一种自我转化的能力，给自己正面的暗示：事情已经坏到这个地步了，也不会怎么样了，我再做一点点努力就可以有所改变。

6. 不给自己贴标签

很多老师做班主任，教两个班。在当班主任的班级中上课，你可能比较严厉，甚至上着课还要停下来做思想教育，于是一不小心就把语文课上成了班会课；但是在另一个班级中上语文课的时候，你可能反而比较放得开，更幽默诙谐，跟那些学生的关系反而更好。

你不要给自己贴标签：我是班主任，所以我去上语文课，我的本质还是班主任；我是班主任，我这双眼睛就是来挑刺的。

这不行，你要有边界感。

7. 最难的是无怨

做了一些事情以后，一心想等待学生的回报。"我已经为你做了这么多了，你不能够再给我惹事了，不能够再给我添麻烦了。"有的班主任会有这样的一种想法，也因为没有如愿以偿而不快乐。

比如我给 50 个学生每人写了一封信，一定有部分学生有反馈，会通过书信或者语言或者神态表达出来，他会觉得老师你真好。但是肯定有一些学生无动于衷，说不定看了一眼便丢到一边了。不要抱着一种心思：我给学生写了一封信，这个学生肯定会一辈子珍藏。

要摒弃一个念头：我为别人做的所有事，一定都会得到相应的回报。

8. 反省自己

有时候我跟学生谈话，但没有达到我预想的效果。我会对学生说：你先走，我要坐一会儿。

我要回忆一下我到底哪句话出了问题，是哪个眼神，还是说话的语气。

我很清楚一条，我是成年人，他是未成年人，他的情商、智商跟我是不对等的。我们成年人心里想着：你读好书，考个好大学，将来有个好工作，生活就不那么辛苦。但是一个未成年人他不会去想这些东西的，他也许觉得将来我开个小店也可以，他不会想到开一个店的艰难。因为少年人的肩膀上面没有挑过重担，他就体会不到生活的艰辛，所以他想任何事情都会觉得是轻飘飘的。

如果要让一个少年人跟我们成年人一样考虑问题这么周全，这几乎是不可能的。

9. 可以严厉但不可以嫌弃

我一直警告自己一件事情：我可以对学生很严格，甚至是严厉，但我不可以去厌恶他们。

因为我知道一旦我对一个人厌恶以后，我后面所有的都会不对，语气、表情、动作都不对，都会不由自主地显露出来：我很厌恶你。学生在这一点上特别敏感。

我觉得很多的教育失败，根源都出在老师厌恶这个学生上，因为你觉得他给你带来了麻烦，你觉得你的心思、精力都花在他的身上，做了那么多，他还是那种老腔调。

带上这种厌恶，就对学生失去了耐心，你就要发泄自己对学生的这种厌恶之情，情绪便很难控制了。学生便成了出气筒。

我们在跟学生说话的时候，心里面要画好一根线：说话重一点还是轻一点，严厉一点还是温和一点，要有一个进和退的考量。要想好了，再去找这个学生。

你在泥水当中洗衣服，衣服反而更脏。同样地，你带着一种不良的情绪去跟学生说话，非但没有用，反而可能弄得更糟糕。

当师生矛盾已经开始慢慢显现的时候，你还要往前进，还要选择进攻，这种行为就叫飞蛾扑火。

做老师的技术含量其实是很高的。我们需要不断地学习。中医说眼睛出问题需要去查一查肝脏，耳朵出问题需要去查一查肾脏。同样，学生出问题，原因可能也是在我们看不见的地方。

比方说有的学生在学校里面不停地闹腾，表面上看是行为习惯不好，但可能本质上是这个孩子小时候严重缺爱，会哭的孩子才有奶吃。到了学校后，他如果得不到老师、同学对他的欣赏，他可能也会用这种闹腾的方式寻求。找到了根源，我们就不太会去嫌弃甚至厌恶一个学生。

10. 了然人性

做教育就是跟人打交道，人性是带有缺陷的，比如某个人，你有九件事对他好，他不一定感激你，但是你有一件事情对他不好，他很可能就恨透了你。学生是心智未发育好的未成年人，更是如此。

所以我不会因为学生对我有一点点不好，或者家长对我有一点点意见，我就有心结，因为我知道这是正常的。我也希望老师们都能悟透人性，打开心结。

大家都渴望学到一些带班方法，最好这种方法还能够放之四海皆准。可是假如你只是奉行拿来主义，往自己班级里套用，一定会出问题。

就像是从一棵树上面折下来一枝梅花，把它插到花瓶里面，用水养着，没几天它就要干枯掉，为什么？因为这一枝梅花是从树上折下来的，而这棵树上之所以开了这么多梅花，是因为有根。

我想你会在这本书中慢慢明白，世间哪有不付出就唾手可得的"巧"方法，"巧"方法都是在汗水中凝结而成的。有了这样平和的心态，反而会收获很多意想不到的惊喜。

我们每一个人的心都要亮堂起来，我们的眼睛要多去看看明亮的东西。经历得多了以后，我们就有了一种君子每临大事都有的静气，我们身上就有了笃定、坦然、成熟、稳重、从容。

目　录

第三辑　学生蒙灰的心灵，擦擦也会亮的

第四辑　彼此看见——家校协作的秘诀

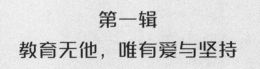

第一辑
教育无他，唯有爱与坚持

原来教育如此艰难，外力的作用如此微弱；原来走教育的路是需要有打赤脚走泥路、爬山路的勇气的，起了泡，结了茧，平了心，才会看到一路的风景；原来书上学来的知识，到了教育实践中，如此捉襟见肘，有时甚至来不及出招就败下阵来。后来，终于在眼泪中明白：教育无他，唯有智慧的爱与傻傻的坚持。

教育无他，唯有爱与坚持

■ 教育无他，唯有智慧的爱与傻傻的坚持。

记得参加工作第一年，同为教师的父亲很有仪式感地寄给我一张卡片：教师不仅仅是个谋生的职业，更是人生境界走向圆满的过程。

还记得那时候的心情，满心欢喜，跃跃欲试，踌躇满志。对于卡片上这句话，没有经历一些事情是无法真正理解的。

去派出所领回在校外打群架的学生；深夜在街上一个个网吧里寻找翻校门出去的学生；看着一对夫妻为了护犊子指着我的鼻子厉声呵斥；因为老师备孕导致班级一天换一个英语老师，成绩一落千丈；跨年级上课，在三栋楼房里来回奔跑，每天至少五节课；被同事说："你这么努力，显得我们很不认真，有啥意思？"更多的是花了很多很多心思，却依然看不到那几个学生的一点点进步的伤心和无助……

记得有一次夜里睡觉突然有了灵感，我半夜爬起来趴在地板上给课文每一段配一幅画；记得有一天太累了，我回了家倒头就睡，到晚上7点多醒来误以为是清晨，急得一溜小跑赶去学校上早读课；记得有个女生失恋后颓废地瘫在椅子上，无论我怎么安慰她都不言不语，我急得自己流了眼泪；记得学校组织参观核电站，半路上大巴车屁股着火，我带着学生跳下车狂奔，很多天晚上做噩梦被吓醒；记得换了个学校，第一次接触那样的生源，上第一节语文课就像啃一块硬骨头，下了课我懊丧得想哭……

经历了如此种种，才真正明白：原来教育如此艰难，外力的作用如此微弱；原来走教育的路是需要有打赤脚走泥路、爬山路的勇气的，起了泡，结了茧，平了心，才会看到一路的风景；原来书上学来的知识，到了教育实践中，如此捉襟见肘，有时甚至来不及出招就败下阵来。

后来，终于在眼泪中明白：教育无他，唯有智慧的爱与傻傻的坚持。

◆ **坚持把学生的身心健康和安全放在第一位。**

那一年半路接班，有个女孩因为家庭原因，每天迟到，成绩很差。我发现她每天不吃早饭来上学。我担心她跑步会晕倒，担心她会辍学，无奈之下自掏腰包给她买了两年早饭。

当要不到学生良好成绩的时候，当借不到家庭力量的时候，当付出很多很多依然没有收获的时候，我选择了坚持买早饭，直到女孩毕业。

我很傻，唯一想的就是在和这个女孩相处的两年中让她感受到一点点来自一个老师的温暖，这是我能做到的。

◆ **坚持和学生做好心灵沟通。**

每天雷打不动一个小时，阅读与批注学生的《家校之桥》（自己设计版式并找网店印刷），只为了让那些放学后回到黑灯瞎火的家里的孩子能够不寂寞，让那些压抑在心里的负面情绪有个出口，让他们感觉在这个世界上至少有一个老师愿意倾听他们的喜怒哀乐，并且给予陪伴与安慰。

一封封书信，装在漂亮的信封里，在这个快节奏的时代里，我选择了鸿雁传书的慢速度，把一个老师的担心与期待字字句句绣到孩子心里。手写的时候右手中指总会被笔磨破起泡，打字的时候时常敲裂指甲。2020年寒假期间，我给每个学生写了一封信，常常在阳台的电脑前一坐就是一个下午。

◆ **坚持把学生当成自己的孩子。**

班级有个学生特别难管，好说歹说还是油盐不进。在遭遇了种种挫折，一次次失望伤心后，我放下所有的期待，让他做了我的儿子。一颗真心，一片真情，再也没有别的。

毕业的时候他在写的信中说："我在中考作文中写了我们娘俩发生的事，流着泪完成了初中最后一次作文。学弟学妹们，麻烦一下你们，替我照顾好她。"看到这里，泪水一下子飞了出来。

◆ **坚持做夜空中最亮的星，引领学生的人生。**

前几天收到家长的短信：受您的影响，我女儿也成了一名语文老师。虽然您教她的时间不是很长，但您严谨治学的态度对她有着很大的影响。尤其在青春期，对她的人生观、价值观、世界观都有着重要的影响，影响之大足以让她今天成了一名语文教师。她话里话外都是以您为偶像，说一定要成为一名像您那样的老师！作为家长，由衷地感谢于老师，一个老师对学生的影响不在于相处时间的长短，而在于影响有多久远！

学生发短信说：我希望我以后也能成为一名像您一样认真、负责、温暖、有态度的老师！

有个学生为我画了夜空中的两颗星星，留言说：每当我迷失在黑夜里，夜空中最亮的星，请指引我靠近你！

◆ **坚持把美的种子播撒进学生的心中。**

只要条件许可，每天放学前我就播放两三张植物照片，满眼的绿色，养眼又长知识；清明节带学生去郊游踏青，不能收钱就坐公交车或是一路步行，看再多的书做再多的试卷，都不如脚踏实地去行一次"万里"路啊。

有时候真的很难坚持，辅导课老师稍微拖一下堂，就没法在放学前播放植物照片，不然学生赶不上公交车了，只能改在中午时分播放。有时候也想放弃了，问自己这么做到底会有啥意义。可还是坚持了，只是因为心里隐隐地觉得这对学生未来的人生是有意义的。只有热爱生活，热爱大自然，才是真正拥有了一双明亮的眼睛。

◆ 坚持写教育叙事，记录成长。

在老房子整理物品时，翻出来了十几个简陋的本子，有的是练习本，有的用线装订起来，有的只是用了燕尾夹夹着。这是这些年来我写下的教育故事。

正因为有这些记录，才会有每一届学生的成长纪念册《红了樱桃》《绿了芭蕉》《一年似锦》《光影札记》《轻舞盛夏》《栀子花开》《缘分天空》《梨花树下》《花样年华》《那些美好》《弘毅少年》；才会有我出版的《对教育失败说不》《教育如此美好》《努力做最好的班主任》《我就想做班主任》……

◆ 坚持脚踏实地在一线教书，把荣誉看成过去式。

我认真地回答了"我是谁""我要往哪里去"，我是一个一线教师，我只想在一线安安静静教书。做自己擅长的事情，心里会快乐；做自己觉得有意义的事情，就算很累还是觉得很快乐。

人到中年的我，希望自己能够做个榜样，带动更多的一线教师爱上教育，不怕做班主任，成为学生的知心人，让更多的师生一起看到教育的美好模样。

感谢所有支持我、帮助我的人们，你们的爱给了我太多的力量，每当我艰难流泪时、彷徨惆怅时，是你们让我学会了坚强与坚持。

◆ 坚持把任课老师当亲人，众心合力才能赢。

独木难成舟，一个班级需要所有的任课老师齐抓共管。我喜欢在周末或是节假日与任课老师一起走走玩玩散散心，吃吃喝喝聊聊天，一起放空内心的负面情绪，一起面对教育的艰难，一起感受教育的美好。

没有互相的指责，没有彼此的推诿，更没有暗中的拆台。是你们让我知道我从来不孤立无援，是你们让我相信一个办公室就是一个家。

◆ 坚持做班本教材、校本教材，让教育丰盈。

与生物老师合作，把校园里的 37 种主要植物一一记录，包括位置与棵数、四季的样子、学生与植物的合影，做成《静待花开》班本教材，心里想的就是哪一天校园被异地新建、片甲不留时，这个校园还留在纸上，留在师生的心里。

与地理老师合作，做成《养只青蛙，沿着长江黄河去旅行》班本教材。一个个青蛙章，带着学生们走遍两岸风景点，尝遍两岸美食。间接地带着学生们行万里路，是一个老师所能想到的一种素质教育。

◆ 坚持写教育博客和微信公众号，从不懈怠。

2006 年开始写教育博客，坚持了 14 年，点击量有 500 多万了；我的微信公众号"于洁做教育"和"于洁沙龙 2020"，有了好多粉丝。

那些文字，那些照片，记录着学生和我一路走来的点点滴滴。愿博客永远不要被封闭，让那些毕业了的、工作了的、为人父母了的曾经的学生们，还能很快找到自己曾经的少年时代，找到伙伴，找到自己成长的痕迹。

愿我永远不要懈怠，时时鞭策自己，用初为人母之心，记录"孩子"的一笑一颦。

◆ 坚持在教别人家的孩子和教自己家的孩子中取得平衡。

教别人家的孩子，教自己家的孩子，做到两全其美，这是何等艰难的事情。孩子小的时候，每当学生去餐厅吃晚饭，我就饿着肚子冲回家把儿子带到学校里陪我上晚自习，风里雨里，伸手拦车不成还被溅一身水。但日子就这么过来了，孩子就这么长大了。长大后他就成了我，成为家里的第 4 代教师。在他工作两年后，我们母子合作出版了《致青年教师的信》。

翻阅这本书，就像回望我一路走来的教育路。我在儿子身上看到了我年轻时的样子，看到了一路走来的歪歪扭扭却又执着坚定的脚印。

◆ 坚持研究各种生源，琢磨各种教育问题。

33 年，我去了 6 所学校，教过各种生源的学生。50 岁的时候，我申请去 100% 的积分生学校工作一段时间。人们说我傻，自己申请去农村工作，为了方便做班主任，还自己一年花两万多元租房子住在学校附近。是啊，我自己想想也觉得自己够傻的。

◆ 坚持"于洁沙龙"十多年，和全国各地的老师思想碰撞。

2012 年至今，我坚持在每个周三晚上举办两个小时的主题沙龙，和全国各地的一线班主任一起研究教育，不断提升自己。

在最初的几年，真的纯属自娱自乐，每当和同行彼此分享带班的经验，从中学到一招半式时，我都开心得像个孩子一样。工作了二三十年的老教师，工作一两年的新教师，在互联网的两端，平等互助，一颗颗初心闪闪发光。

33 年，就这么坚持下来了。那些师生间美好的一幕又一幕，一一闪过：

"可惜不是你，陪我到最后……"师生告别时，学生哭泣的歌声；

"我多想回到从前，依然守在你的身边。"顽劣的孩子长大后发来的手机短信；

"盼着快点开学，这样我们就可以来照顾你了。"暑假里学生的 QQ 留言；

"我妈让你吃早饭。"大清早办公桌上的鸡蛋与牛奶，还有纸片上的留言与笑脸……

回望来时路，自己都忍不住流泪了。太艰难，又太美好。

唯有不带半分功利，才能宁静致远。

在精彩自己的同时，也能为这个世界做点贡献。人生便这样有了意义。

这样一想，开心，又自信。

记得大学毕业的那一天，去照相馆拍照，想着就要做老师了，一激动心血来潮，剪掉了留了多年的长头发，换了一个精神抖擞的男生头，以至于开学第一天，老教师们以为学校新招了一个体育老师。

　　看着大学毕业照上那个头发短到后脑勺的自己，那么年轻的面庞，笑意盈盈，不由得问自己：33年过去了，初心可改？

是什么给了我教育的勇气和定力

■ 人生苦短，认准了就去做，别管成功还是失败。

我现在是在昆山市淀山湖镇淀山湖中学轮岗，这是我教语文的第 33 年，做班主任的第 32 年。这个学期我半路接了一个初二的班级。

很多人都说我有教育的勇气和定力，五十几岁的人了，还在不断地折腾自己，挑战自己。那是什么给了我教育的勇气和定力呢？很多人会猜想是对教育的爱和责任感，其实，还真没有那么高大上，相反是一些很细小的东西，沉淀在我的人生里，渐渐成为今天的我。

◆ 没关系，坏事也能变成好事的。

我小的时候是很早就开始做家务的，大概五六岁的时候，有一次我在一个煤炉上准备炖蛋，鸡蛋打散后，我急着要去做一些别的事情，就糊里糊涂地没有在鸡蛋里面放水，只是放了一点盐，然后就匆匆忙忙地放到炉子上面开始炖蛋。等炖好以后我才发现，哎，不对，怎么是硬邦邦的一块，尝了一下，咸得不得了。哦，原来是忘记放水了。

那怎么办呢？没法吃了呀。那时候鸡蛋还挺金贵的呢，浪费了，多可惜。我很沮丧。

我的祖母很笃定地对我说："没关系的，坏事也能变成好事的。"

她指挥着我用刀把这块硬邦邦的炖蛋切成薄薄的一片一片的蛋皮，然后放点儿蔬菜，加点水，就做成了一碗很美味的蛋皮汤。

在小的时候，成年人对你的教育有一些是根深蒂固的。这是一件很小的事情，但是在我脑海深处，它等同于小的时候接受了一个很深刻的哲理：没关系的，坏事情是能变成好事情的。

在我的教育教学工作中，这句话也经常浮现在我的脑海里。比如说每当我接一个班，这个班级中有一个非常难管的学生，特别耗费我的心力，那我就会想这句话：没关系，坏事能变成好事的。那应该怎么办呢？可以把这一个学生作为我的研究对象，我去探索，我去研究。学生每次有一点点进步，我都会有很大的喜悦。如果我做了很多很多，最后也没有很大的改变，那也没有关系，我就安慰自己，至少没有变得更糟糕。

我会深深地同情这个孩子的父母，因为这个孩子在我手里顶多就是两三年，但是他的父母却要和他相处一辈子。我也就是苦个两三年，没关系，最后他还是会毕业的。你看，我是不是特别会宽慰自己、鼓励自己？

因为我有这样的好心态，所以绝大部分的时间，这一些别人嘴巴里的问题学生或者我自己觉得很难管的学生，最后的结局都比较好。心态，决定了一个人做事情的态度，如果你什么事情都是往坏处想，一天到晚愁眉苦脸的，心情不好，做事情肯定糟糕，会有连锁的效应；保持好心态，说不定好事就来了。

这是我能够拥有勇气和定力的很重要的一件事：没关系的，坏事能够变成好事的。

前些天我摔了一跤，一只脚肿得不得了，瘀青一直穿透脚底，一个多月过去了，我的脚底的深处还有一块淤青。另一条腿呢，一个伤口很深，很明显凹进去一个口子。当时只觉得倒霉，但是后来到医院去查了一下，哇，摔得这么严重，居然没有骨折，我又觉得很万幸。当我这只脚走路一瘸一瘸的时候，看到我们班级里的一个很难管的男孩子，我就向他示弱，让他扶我走路，于是他每天都过来扶着我走路，我觉得摔跤反而变成一件好事，师生关系一下子变得跟家人一样融洽了。

您看，小时候祖母的那句话，给了我面对困难的勇气和定力，这句话淡淡的，似乎没有啥，却扎根在我的骨子里，似乎是骨头生长所需要的钙一样，撑起了我的人生。

◆ 停一停，做个深呼吸。

我9岁的时候，父亲在一个工地上要了一些砖头，他想在我们的小院子里铺一点砖头，这样的话下雨天就不是在泥泞里走了。他要我和他用一根扁担挑担，他在后面，我在前面，因为身高不匹配，扁担一头高一头低。我父亲应该是把很多的重量移到他那边去了，但是我还是累得半死。我很想在我父亲面前表现出很强的样子，所以我是强撑着。

走了一点点路以后，我父亲就说："停一停，你做个深呼吸。"担子放下来以后我就做个深呼吸，一下子就觉得轻松了很多。然后我们俩再抬了往前走一段，我父亲又说停一停，做个深呼吸，慢慢就到了家里。

在我后来的人生当中，遇到很难很难的事情，遇到很累很累的事情，遇到心情很不好的时候，人生的艰难，教育的艰难，而且有的时候真的是有苦说不出的时候，我就想起这句话，我就告诉自己停一停，做个深呼吸。

我后来自己买的或者租的房子有一个共性：一定有飘窗。现在我到淀山湖中学轮岗，这是一个乡镇的学校。我到这边来为了工作方便，就自己租了一个房子。虽然这个房子很破很旧，我还是选择了它，因为它有一个飘窗。我每天都要在这个飘窗上面坐五分钟，我要做个深呼吸，我要坐在那里喝杯茶，我要看看窗外，我要这个五分钟是属于我自己的。无论多难多累多苦，我要这个五分钟，心里面是清爽的、干净的。

我想跟老师们说，当你觉得很苦很累很难，快坚持不下去的时候，你可以学一学我，停留五分钟。没关系的，人生不是要一直拼命往前跑的，你可以停五分钟，就坐在那里发一会儿呆。五分钟以后，你站起来拍拍屁股，告诉自己去做事。

你看我在这里把一切写得云淡风轻，但是我要大家知道，我大量的时候很难很难，因为我总是半路接班，要么初二接班，要么初三接班。大家都是老师，都知道半路接班意味着什么。可以说我人生的 95%，我教育的 95%，其实是很难很难的，只不过我学会了我父亲说的："停一停，做个深呼吸。"

◆ **没有人是会被所有人喜欢的。**

除了家人，我所接触的很多老教师给了我太多的启发，加深了我的勇气和定力。

老教师，真的是一个宝，他们的人生经历都是现身说法。我工作第一年的时候，我办公室里都是老教师，我搭班的任课老师也都是老教师。记得有一个女教师，她年轻时在新疆插队，她说那时候拿了铁锹在田里劳动，劳动完了要吃饭，碗也没有，筷子也没有，就把这个铁锹洗干净，当碗用，放饭和菜，筷子就是路边折一根树枝。

我听的时候就跟听天书一样，因为我没有过这样的经历，但是我看见她在那里说的时候，坐在我面前，烫着卷发，很有情调，笃悠悠地跟我讲，我常有一阵的恍惚。你看，苦难过后，人生还是平静的，甚至可以悠然地把当年的苦难当故事一样讲。

她说："你教育生活中的一些事情，要趁热打铁快点写下来，不然的话，你看，我都快退休了，啥都没有了。"因为记忆这个东西，它有后摄抑制，后面的记忆会遮盖掉前面的一些记忆。

还有一个老教师，她跟我说一定要做自己擅长的事，这样才能快乐。这个是她发自肺腑的建议。一开始她是初中老师，教得非常好，管理班级也很好。我们工作的那个学校是有初中有高中的，因为她初中教得很好，后来学校就叫她去教高中。没想到初中老师教高中就不是初中老师擅长的事情，她还用教初中的一套去教高中，结果学生的分数比较难看。我也听到学校里面有好多人背地里嘲笑她。后来她还做了行政，她担任行政工作也是比较讲原则的，一板一眼，也因此得罪了很多人。我跟她有过深入的交流，她说还是有点后悔的，本来自己做着很擅长的事，很快乐，多好啊。

后来我做了很多年的行政工作，担任教科主任、德育主任。我常常想起这个老师的事情，我就一直问自己：你最擅长什么？答案是我擅长跟学生打交道，跟家长打交道，跟我的任课老师打交道。因此那些年我还是蛮辛苦的，又做行政，又做班主任，又教两个班甚至三个班的语文，我是硬撑下来的。直到2016年，我终于找到机会把自己的行政工作放了下来。

如果你很擅长做行政，我建议你做行政，因为这对一个学校是非常有利的。如果你比较擅长教书，做班主任，那我就建议你做好教师的本职工作。

还有一位老教师对我说的话，很好地、很及时地鼓励了我。有一个阶段我也是很苦闷的，当时的我听到了一些人背后的议论：她是不是想要当官啊？做得这么认真，是不是要名要利啊？

在这个时候，那个老教师对我说："于洁，你一路向前走，慢慢飞起来。但是你不要忘记要带上四个'人'，个人的奋斗，高人的指点，贵人的帮助，一定会遇到一些'小人'，这个'小人'有的是工作中的困难，有的就是喜欢风言风语的'小人'。"

老教师告诉我："不怕。没有人是会被所有人喜欢的，你就是做好你自己的事，对得起自己的良心就好。"

是啊，谁背后不被人说？我有这些闲心思，还不如去做好我的工作。

老教师给了我人生巨大的启发。本来这一些话，这一些道理，甚至可以说是人生的哲理，我可能要花很久很久，可能要到七八十岁的时候，我才可能有所觉悟。但是因为我经常跟老教师们说说话，听他们讲讲自己的过去，我觉得他们把自己五六十年的、七八十年的、八九十年的这种人生经历提前给了我，使我在二十几岁、三十几岁的时候，就已经拥有了七八十岁的人生哲理。

我三十多年的教育教学真的是凭横冲直撞过来的两个字：不怕。

因为我知道我在做我自己擅长的事，我不停地写，我把那一些很糟心的事情，让人容易情绪消极的事情，都写下来，然后我就表扬自己：你真厉害，你看你遇到这样的学生，遇到这样的事情，你还是在想办法，你很棒！

勇气是需要一直鼓着的，气可鼓不可泄，我人生中遇到的这些老教师就是一直给我鼓气的高人和贵人。

◆ 会休息，人才能可持续发展。

我也相信人需要自己成全自己，自我调节，其中很重要的一点就是要学会掌握人生的包括教育的平衡。会工作，会休息，人才能可持续发展，才会有更多的勇气和定力。

我很会休息。好多人看我写了这么多文章，《班主任之友》期刊上每个月都有我的专栏，我写了那么多本书，要带工作室，要做班主任，我还要教语文，好多人就猜测：于洁是不是那种半夜不睡觉在那里写东西的人？

还真不是，我从小有低血糖，我要是晚上 11 点钟以后没有睡觉的话，第二天整个人头晕目眩，起不来的。我一定要睡眠充足，才能够干好事情。

我身边很多人都知道，有时候晚上聊聊天，他们一看 11 点钟到了，就说，你赶快睡吧。其实我老早就在被窝里面了，等到挂掉电话，我就立刻睡着了。

我是一个心里面不装事情的人，天塌不下来的，天塌下来有高个子撑着，没关系的。

我的另一种休息方法是做体力劳动，体力劳动是脑力劳动者最好的休息，大脑运行模式的切换，其实就是一种很好的休息。

下课的时候，我经常把学生赶出教室，我一直说的一句话是：教室里只留我一个人，你们都出去，你们去上洗手间，喝点水，晒个太阳，聊个天，然后你们再进来，不差那么一会儿。

我为了确保自己能够晚上 11 点前休息，狠抓自己的工作效率。凡是跟我一个办公室的同事，不出一个星期就发现我的一个特征：当我在办公桌前写东西的时候，在电脑上打字的时候，或者看书的时候，我就屏蔽了办公室里所有的声音，不用戴耳机，自觉屏蔽掉了。同事们发现他们这个时候来跟我说话，我都听不见的。一个星期以后他们就懂了，他们看到我手里的笔在那里拼命写的时候，他们就知道要跟我讲话，要走到我面前来，或者声音大一点点，这样我就听得见了，因为我是会全身心地投入工作当中去的。

我让学生写日记，那我每天有一个半到两个小时的时间，要批阅学生的日记，我要把学生写得好的句子圈点勾画，我还要在每个学生的日记本上留言，我只要动作慢一点点，就来不及在放学前发下去。因为还要备课、上课、批作业以及做其他的事情。

很专注地做事情，尤其是体力劳动，其实是一个很好的休息。我会把家里打扫得很干净。今年我在淀山湖这个乡镇上租了房子，这个房子比较破旧，尤其是墙上有好多洞洞眼，东面的墙壁因为进了水烂掉了。但就算是租的房子，我还是会把它打扮得漂漂亮亮的。

厨房的窗户纸、防水垫、挡水板、锅碗瓢盆，我全部都擦得干干净净，因为我有很多时间需要待在厨房里，我希望厨房不是油腻腻的，这样我做饭时才有好心情。

我搬过来的时候，房间窗户上窗帘都没有的，我自己安装了纱帘和厚窗帘，然后买了个小圆桌。我有的时候在飘窗上坐 5 分钟，就是一种很好的休息。

整个房间的颜色，用天空蓝和向日葵黄，门口我还放了个地垫，上面写着"欢迎回家"的字样，我要自己感觉回到家里面是温馨的、开心的。

有的老师，一副辛勤愁苦的样子，坐在那里唉声叹气，与其放任自己一个人沉沦下去，还不如起来动一动，把家里弄得干干净净。

在做体力劳动的时候，人完全是沉浸式的，可以静静地胡思乱想，可以很好地治愈自己。

◆ 永远别忘记书本的力量。

永远别忘记书本的力量。不读书的人只知道现在，读书的人可以知道过去、现在、未来。有的书是可以给我们带来很大的宽慰的，我很喜欢《菜根谭》。

这本书薄薄的，但是里面很多句子，对我的影响非常深刻。

比如"嚼得菜根，万事可做"，是告诉我们要耐得住寂寞，要有吃苦耐劳的精神。人生本来就是很苦的，教育本来就是很艰难的，你只有吃得了苦，才能够做得了事情。

其实这句话我们老师也经常用来教育学生，我们跟学生说，你要有点吃苦精神，你去读，你去背，你要坚持，等等。但是可能有的老师在轮到自己时就不一样了，遇到一点点苦，遇到一个比较难管的学生就在那里发牢骚让全世界都知道，我觉得这样不好。

"宠辱不惊，看庭前花开花落，去留无意，望天上云卷云舒。"这个"不惊""无意"很能够成就我教育的勇气和定力。我清楚地知道自己要什么不要什么，尤其是我知道自己不要什么，这个非常重要。遇到一些糟心事、难事的时候，去看看花开花落，看看云卷云舒，会让你的心胸宽阔起来。

庸人自扰的人，沉浸在自己的不良情绪当中，他的眼睛看不到美，他也没有这个闲心去看风花雪月。读了大量苏轼的文字以后，我就觉得他是真正做到了不庸人自扰，在他人生最失意的时候，最危险的时候，他依然有闲心，去看看月亮，去听听江涛的声音，去做一顿红烧肉，去吃一些荔枝。于是我的眼睛也会主动地去寻找一些美的东西，我看学生的时候，尽量能够多看到一点学生身上好的地方。

《菜根谭》里也谈到交朋友的时候要有三分侠气，我身边的好朋友都觉得我这个人特别仗义，我的好朋友有一点点需要我帮忙的地方，我都是该出手时就出手，而我的学生们喜欢我，可能也有这一点道理，他们觉得老师会帮我的，老师总是在我身后的。

我当然也知道人心叵测，我也知道人心是有很阴暗的地方，但是我总觉得还是要多往好的地方想。《菜根谭》还谈到，热闹的时候，很多人围着你，大家都在吹捧你的时候，这时要保持一颗冷静的心，你还是要知道自己几斤几两，你要有一双冷眼，不然的话你要飘的。

为什么这些年我一直教着语文，做着班主任？我就是觉得我做了班主任以后，这个班挂在我手里，这个班那么难带，牵绊住了我的手脚，我这个人就没有随时可以拍屁股走人那么潇洒了，我故意地、特意地让自己被牵绊住。

当你被人冷落的时候，当没有人赏识你的时候，当你所做的一切遭到了很多风言风语的时候，没关系，你的心还是热的。

《菜根谭》强调心体一定是要光明的，心里面有光明，就算在暗的地方，也能够看到明亮的天。

我自己有一个很主动的选择。在我身边的人，我跟他们接触下来，我发现有的人一天到晚发牢骚，一天到晚愁眉苦脸，唉声叹气的，遇到一点点事情都是怪别人，认为都是别人的问题，他自己最好。遇到这种人，我会主动远离，走在路上，我也就对他点点头，笑一笑就可以了。

如果我觉得这个人很乐观开朗，我跟他在一起，连我的心情都变得好起来了。或者他很真心地来跟我商量一些事情，探讨一些事情，就算他蹙着眉头愁容满面的，但是他不发牢骚，他是真心地来跟我进行探讨交流的，我也很喜欢这样的人。

我自己是一个寻找光明的人。诗人顾城说："黑夜给了我黑色的眼睛，我却用来寻找光明。"

物以类聚，人以群分，一天到晚苦着一张脸，慢慢地你身边聚集的都是倒霉事。乐观开朗的人，慢慢地一切都会好起来。这就对应了我小的时候祖母说的，坏事也能变好事的。

我身边好多同事朋友，他们很愿意跟我说说话，跟我在一起坐一会儿，他们觉得跟我在一起会很快乐。我也很希望把我内心的这种光明、快乐带给别人。有什么好吃的，我们就分享一下，我也会请同事到我家里来一起吃吃喝喝，让更多的人有教育的勇气，有教育的定力。

《菜根谭》说不可以玩物丧志，但也需要借境调心。再忙我都会抽一点点空，去郊外走一走，接一接地气，让我的身体更健康的同时，看到很多美好的东西，眼睛看到美好，那心里面就会很开心。这个叫借境调心。

我的学生们，我也鼓励他们每节课下课以后出去看看远处，做深呼吸。

◆ 人生是一个人的事。

这些年来我印象最深刻的一句话，这句话我都不记得是谁说的了：人生是一个人的事。这句话特别振聋发聩。

表面上看，你的人生中有很多很多的人，包括亲人、朋友、知己、陌生人等，但其实你的人生是由你自己定的，选择是你一个人的事。我常常跟学生说，你如果想进步，没有谁可以来拖你的后腿。那如果你自己不想进步呢？我们千军万马来拉你，你这个发动机没开，我们拉得苦死了，我们一放手，你又会退回原地。

每一次遇到一些事情，我就告诉自己，一切都会过去的。无论是好事还是坏事，都会过去。我之前看视频，看到王菲的女儿窦靖童谈起自己的母亲，她说王菲跟她说了一句话：你开心的时间可以稍微控制一下，短一点点。

我觉得这句话是很对的，人生当中遇到一些开心的事，不要得意忘形；遇到一些不好的事情你也不要愁眉苦脸，你的人生还是掌控在你自己两只手里的。

从 1991 年工作到现在足足 33 年，我从有初中有高中的完全中学，到寄宿制的民办学校，再到有小学有初中的九年一贯制学校，再到城区的纯初中，然后再到昆山最东边的乡镇，现在再到昆山最南边的乡镇，我清晰地知道我想干什么。我就是想看看中国的教育，城市跟农村有什么区别。还有我自己，教了城里的生源，会不会教农村的生源？教了好的生源，会不会教差的生源？来到一个陌生的环境里，能不能迅速掌握节奏？

我希望我退休之前对教育的理解是完整的，我的教育人生是完整的。

人生苦短，认准了就去做，别管成功还是失败。

表面上看，好多好多人都在看着你，众目睽睽，其实谁那么有空一天到晚来管你的事，每个人管自己的事都还来不及。许多人一辈子都不知道自己要干吗，就是走一步是一步，做一天和尚撞一天钟，反正做了老师这个职业就是每天上班、下班。这样的话就很容易迷茫，很容易遇到一点点不开心的事情就钻牛角尖，很容易心里面一直只有一个小"我"，走不出来。

心胸一定要放宽，经历最重要。

吃亏就是福这句话，我也是用了很久很久才搞明白的，吃亏的时候真的是很沮丧，但是慢慢地就发现，哇，老天真是有眼，老天真的是用心良苦，为了培养我真是殚精竭虑。

所以很倒霉的时候我就抬头盯着一个天花板的角落，我心里就在想：老天你想干吗？你到底想怎么折磨我？你后面到底要怎么样？你到底想怎么培养我？

我跟自己说：于洁，就当自己是被老天看上的人吧，你是一个干大事的人，天将降大任给你，你就吃点亏吧，反正慢慢地就会变成福的。事实证明，后来确实如此。

我后来常常回想，我这一辈子中遇到过很多人，我遇到过"小人"，我也吃过亏，我被"小人"绊到那坑里面去，但是到了坑里以后我发现，哇，原来坑里有另一番天地，那真是太棒了，人家要想看到这块天地还看不到呢，而我就看到了。所以我就有了一种定力，凡事我都往好的地方去想，人渐渐地就有了怜悯之心。

世界上可能真的有一些人在那里吃饱了没事干，在那里说三道四的。那我也不去想，我就觉得这样的人很可怜，他人生没有别的成就感，他也只能够这样把别人说得坏一点点，这样他才能求得一个心理的平衡。我觉得我也能够理解。我就只管往前飞，我要飞到一定的高度，我要看到更远的天空，看到更远的世界。

我的人生的勇气和定力，包括教育的勇气和定力，都来自我做好了充分的思想准备。我知道人生本来就是艰难的。我常常在想，老天对我还是很好的。

如果我生下来就是缺胳膊少腿，或者我生下来就是弱智，或者我生下来就是在一个根本没有办法读书的地方，那我的人生会是怎样的？我能够四肢健全，头脑也比较发达，我还能够有书可读，有工作可做，我还要干吗呢？

所以我特别能够理解张桂梅校长，在那个地方，女孩子放羊种地，然后嫁个人，慢慢地，她再生个孩子，她的孩子还是这样放羊种地，再嫁个人。张桂梅老师用一己之力，几乎是摧毁了自己的身体，也要去把那一些孩子带出来，让她们拥有另一番人生。我自己可能永远做不到她那样，但是我尊敬她、理解她，我觉得她很伟大。

教育本来就是艰难的，你要去跟遗传的力量斗争。说真的，有的人真没有读书的天分，但他必须要读小学、读初中，我们老师会教得很艰难。但他们做别的事情却很好，在跟他们相处的时候，我们教育他们要做好人，分数上面能提高一分是一分。

还有的人说：哇，别人看上去好轻松哦。唉，只是因为别人没告诉你他有多难而已。

你看我云淡风轻地跟你滔滔不绝，你知道我有多难吗？我不愿意发牢骚而已。我每天都很艰难，白天全身心地扑在学生身上，上班从来没有懈怠的时候，下班了我开开心心地告诉自己，回家。

每个家都有一本难念的经，每一个班级都有难管的学生。我爸爸说的：深呼吸，慢慢来。学生都会毕业的，每个学生都会拥有自己的人生，你就慢慢地跟他磨，其实表面上你在跟学生磨，真正在磨的是你自己的心性。不要着急，多教几年书，多听听别人的经验和教训，多跟老人谈谈天，多看看书，多做做运动和家务，你会拥有教育的勇气和定力。

写给伤过心的老教师

■ 做教师，但求问心无愧。

那一年给班主任们讲课，谈到我给一个父母离异后对她不闻不问的女孩买了两年早饭，我说结果可能让大家失望了，因为她依然每天迟到，依然没有任何进步。我说这就是教育中最真实的、最常见的事情，农民辛苦一年也会有颗粒无收的时候。

有个老师泣不成声，她说："于老师，我也给一个学生买过一年早饭，结果是她的母亲打电话给我说自己实在管不了孩子，可不可以让孩子住到我家里，我帮她管。"

她说："我接到这个电话时真是心里瞬间冰冷。虽然后来我也曾有过所谓的成功，获奖很多，可是我心里始终是不快乐的，被这个事情伤过心，寒过心了。"

她说："谢谢你解开了我的心结。"

我们两个眼含热泪紧紧拥抱。

还有多少老师，也曾在教育过程中伤过心？

◆ 你掏心掏肺最后遭遇了"白眼狼"，对吗？

在教育过程中，老教师遭遇的"白眼狼"往往是成绩相当优秀的学生。虽然说对待每个学生应该一视同仁，但是毕竟是肉体凡身，心里难免对那些乖巧懂事、好学上进的学生心生偏爱。给的笑容多一点，给的称赞多一点，给的荣誉多一点。甚至喜爱这些"别人家的孩子"甚于自己家的孩子。

你以为他们会记得你的"恩情"，渐渐却发现他们中的有些人根本不以为意。他们觉得完全是因为自己优秀，所有这些都是自己该得的，一旦有哪一次没有得到满足，或者哪一次你难得批评了他们一句，这些一直生活在赞扬声中的学生完全无法承受这样的"批评之重"，虽然这些批评相对于你平常对后进学生的批评而言分量不知道轻了多少，但他们记恨了你。

毕业以后，来看你的反倒是那些一直被你批评过的学生。老教师常感慨那些曾经的尖子生走在路上看到自己就像没有看到一样地走过。

◆ 你很难过，对吗？

这是最正常的人性。你的赞扬对尖子生而言是"锦上添花"，他们不是不知道感恩，而是根本不觉得这是你对他们的恩情，所以谈何感激？你对后进生的一句赞扬是"雪中送炭"，他们也许一辈子记着你这份恩情。

记得每个人曾经对自己的每一份好，感激每个人曾经对自己的每一份恩，成年人里有多少人能够做到？

所以，亲爱的老教师们，请你们不要再耿耿于怀遭遇的"白眼狼"，打开心结，放下后释然。然后，善待每一个学生，真正地一视同仁。

◆ 你认真工作最后遭遇了风言风语，对吗？

"TA 这么认真不就显得我们不认真吗？"

"你有没有听说学校马上要提拔一个中层了？TA 会不会想要升官？"

"TA 怎么会自己贴钱给学生买奖品？TA 这么精明的一个人，家里有钱烧得慌。"

"年纪不大，觉倒不多，每天那么早到学校。下班又那么晚。办公室钥匙我们都不需要了，给 TA 一个人配一把就行了。"

"天天早出晚归，不知道 TA 是能力好还是不好？"

"不就想期末评个先进吗？本事这么大，我们这些班都给 TA 一个人教好了。"

"校长开会总是表扬 TA，当我们不存在啊？学习 TA？学 TA 以校为家？搞错没有？"

……

好了，还有更戳心窝子的风言风语吗？在纸上一并写下来，使劲揉成一团，丢到垃圾桶里去。听我的，丢了就再也不要去多想了。

有人的地方就是一个小社会。孔子说："人不知而不愠，不亦君子乎？"能写出这样的话来，他一定是经历了风刀霜剑了。一切都是因为不了解造成的。你如此认真，别人自然会揣摩你的动机，以小人之心度君子之腹，历来如此，不是只有你被度过。

熟悉的地方没有风景，身边的人群没有英雄，每日吃喝拉撒在一起，你做事我也做事，自然不觉得你高人一筹。

反省自己是否有太张扬的时候，与人交流是否有盛气凌人的时候，看人的眼神是否有鄙夷不屑的时候。

左宗棠说"择高处立，就平处坐，向宽处行"，即看问题高瞻远瞩，做人低调处事，做事留有余地。

若真遇到"小人"，就向高处飞吧。飞到口水的射程之外。若干年后，你会感谢这样的"小人"，你会明白，所有出现在你生命中的人，都是老天的用心良苦。

◆ 你费尽心血最后却不被领情，对吗？

"每次给家长群发消息，通知一些事情，总是泥牛入海，无声无息。他们吝啬到回个'收到'都不肯。"

"那小孩其实挺聪明的，就是不好好学，我批评了他，想要让他觉醒。家长竟然要投诉我，说自己孩子从不舍得骂一句的，说我伤了孩子的心。"

"认真备课，做个课件花上两个小时；认真讲课，唯恐学生听不懂；埋头批改，两个班级的作业批下来累得腰酸背痛。一考试，看看成绩，心里拔凉拔凉的。有的学生平时作业都是用手机搜答案的，一到考试，试卷一片空白。"

"找这个学生一次次谈话，说得口干舌燥，他却毫无反应，有时还用挑衅的眼神看着你。我只能继续说啊说，还要担心是否有什么话说重了给自己惹来麻烦。"

……

没有一个职业不委屈的。就算面对有血缘关系的亲人，也有很多委屈的时候。

老人吃心吃力带孩子，拿勺子喂孩子被自己儿子说："都是被你宠的，他自己没有手啊？"

一眼不眨盯着孩子玩耍，还是摔了，小伤口出了点血，老人心痛又自责，还被媳妇说："会不会带孩子啊？"

为了小夫妻两个不吵架闹事，很多老人选择了藏起自己的委屈。医生拼了命救人，还是没成功，被病人家属打骂也是常有的事。雷夫老师甚至还被失去理智的学生家长用枪指着……

迷茫中，困惑；困惑中，痛苦；痛苦中，坚定。人在天地间，但求问心无愧。教育有时候就是一场单相思，千方百计为 TA 好，千方百计对 TA 好，TA 还是和别人海誓山盟。

爱过，就很美好。

◆ **你如履薄冰最后还是出了伤害事故，对吗？**

小学老师最怕学生磕掉牙齿，一颗牙的处理起码一个月；中学老师最怕学生摔破脾脏，后续处理有时长达几年；几年前，某地有个学校网球课上两个学生你来我往，打得像模像样，网球老师正看得欣慰，球飞来，一个学生的门牙掉了一颗。最后的处理是学校监管不力赔钱，老师看护不力也赔钱。最后的结果是学校取消网球课程。

如履薄冰，胆战心惊。看学生跑步怕扭到脚；看学生上下楼梯怕摔倒；体育课上跳山羊、跳箱早已经消失，可是总有风云难测，有些伤害事故还是发生了。

"哪个学校哪个班的？班主任是谁啊？"

亲爱的老师，如果不是感同身受，真的没人知道你承受的压力有多大。抱抱你！

原谅哭闹的家长，孩子是父母的心头肉，心痛至极也许就不由自主选择了发泄；原谅皱眉的领导，TA 的皱眉不是对你，而是麻烦的事情让 TA 苦恼，TA 也知道这麻烦不是你惹出来的。有哪个老师会去惹安全的麻烦呢？

放下心头的包袱，哭一哭，睡一觉。一切都会过去的，人生路上风雨总不少。

◆ 你兢兢业业最后总是没人看到，对吗?

你默默地做了很多事情，你说工作要对得起自己的良心，你不爱张扬。

你虽然知道会哭的孩子有奶吃，可你还是不习惯"哭"，那不是你的性格。

你有点委屈，可你还是兢兢业业。

亲爱的老师，你虽然没有收获很多荣誉，可你收获了学生的爱戴，同事的敬佩，志同道合的朋友。你在一线收获了最单纯的快乐。

林清玄在《心田上的百合花》中写道：

> 百合说："我要开花，是因为我知道自己有美丽的花；我要开花，是为了完成作为一株花的庄严使命；我要开花，是由于自己喜欢以花来证明自己的存在。不管有没有人欣赏，不管你们怎么看我，我都要开花！"

是啊，全心全意地默默开花，以花来证明自己的存在。这是一朵花的初心，也是一个老教师的初心。

……

亲爱的老教师们，一路走来，踏着荆棘，谁的双脚不是伤痕累累？谁的脸上不曾流过苦涩的泪？谁的心不曾被冷过又用坚定的信仰来暖和？

我喜欢张雨生的歌《我是一棵秋天的树》，用其中的歌词，与大家共勉：

我是一棵秋天的树，

时时仰望天，等待春风吹拂。

但是季节不曾为我赶路，

我很有耐心不与命运追逐，

安安静静守着小小疆土。

有的繁华，我从不羡慕，

因为最美的，在心，不在远处。

答复一个新教师的求助

■ 教师需要尽心尽力，但不要追求完美。

于洁老师：

我是小学的一名新教师，应届毕业生。目前已就职三周，担任一年级班主任及语文教师。班级管理上出现了一些棘手的问题，需要向您请教。

班上有个小朋友，厌学情绪很高，自从开学以来几乎每天上学都要哭。

（于洁：刚读一年级，用厌学情绪这个词语，还不适合。他只是来到一个新的环境，非常不适应。每个人适应环境的速度不一样。比如我刚换了一个学校，也有很多不适应，第一周我也曾悄悄落泪。哭是他情绪发泄的一种方式。有一部分的一年级小孩开学第一个月是在哭声中度过的。所以，你先不要太焦虑。）

前几天他哭得很伤心，都哭吐了，我打电话给他妈妈，希望带他回去看看，他妈妈不愿意，认为他就是不想上学，把他带回去他会变本加厉。

（于洁：我比较同意他妈妈的看法。假如一哭就带回家，那么后面确实很容易出现依赖。这个时候其实是孩子的一种试探，假如妈妈带他回家了，那后面每次他会哭着说要回家。小孩子哭得吐了也比较正常，甚至还会哭得干呕。哭累了，情绪发泄掉了，会慢慢平静下来。他也会发现哭没有用。）

后来我带他去操场逛了逛，跟他聊了聊，他说他的理想是当警察，我便用这个来鼓励他，当警察不能总是哭，要认真学习，他当时答应我了。

（于洁：你做得很对，当他情绪过后，可以和他好好聊一聊，让他感觉到老师是很爱他的。但是小孩子的答应我们也只能听听，不能太抱有希望，否则你很快就会失望的。）

但是今天早上，早读课我没看到他，给他妈妈打电话，他妈妈说已经送来学校了。我和他妈妈都很着急，我查看了监控，没有找到。后来下课了，有小朋友出来玩，在楼梯角落发现了他。他穿着雨披背着书包一个人躲在角落哭。

（于洁：你辛苦了！我明白遇到找不到学生的事情会特别担心、特别焦虑。我们可以发现他的哭已经改变了方式，他从当众大哭变成了一个人悄悄哭泣，他已经慢慢学会了情绪控制。当你在角落里找到他时，有没有抱抱他一会儿？然后拉着他的手进班级？我想也许他还需要一个慢慢适应的台阶和步骤，比如他妈妈送他到学校，交到你手里，你拉着他的手进入班级。这样让他在一个完全陌生的环境里慢慢适应起来。我有时候看娱乐资讯，看到"社恐"的梁先生上台时紧紧拉着刘女士的手，成年人尚且如此需要一根救命稻草，一个小孩子也需要一双温暖的手。）

因为他有这种情绪，所以他上课也是没有心思的，课上就算不哭，心思也是游离在外面的，所有的作业也都不做。当然目前最重要的是帮助他尽快摆脱厌学情绪。我采取了一些措施，比如他能保持几天不哭就会给他小奖章，我还安排了班级比较活泼开朗的小朋友坐在他的旁边，我也叮嘱了这几位小朋友下课的时候多拉着他一起玩，但感觉依然收效甚微。

（于洁：他还没有进入适应环境状态，所以收效甚微是一定的。这时是考验你的耐心的时候。不要把他当成一个麻烦，你就把他当成梁先生吧，你来做刘女士，把你的手给他，给他足够的安全感。记住：减少言语，多一些抱抱他、拉他手的温暖肢体语言。把你的课上得生动有趣，看看能不能吸引他的一些注意力。我还想说：你辛苦了！对于你而言，一切都是全新的。你自己还没有做妈妈，却要耐心地关爱别人家的小孩子，就把这样的一种辛苦当成是自己未来当妈妈的准备期吧。当你转换了这样一个思路后，也许心情会好一些。给他时间慢慢适应，给你时间慢慢研究。）

还有一位小朋友，开学两周，我发现他上课的专注力很差，坐端正不到一分钟就开始乱动，还会跟旁边的小朋友讲话，其他的任课老师也向我反映过他上课的问题。我把他周围容易和他讲话的小朋友换走了，但他依然可以和其他人讲话。

（于洁：这样的学生初中里也有，几乎每个班级都有。有的人沉默寡言，有的人天生就是话痨。我现在班级里也有这样的学生。无论怎么换座位，都没有用，因为他本身就是无线电台。）

我和他的妈妈交流过，他的妈妈也很苦恼于他的专注力，幼儿园老师也反映过，他的妈妈曾怀疑他是多动症，还带他去医院查过，并不存在。

他的妈妈在家中也很努力地培养他的专注力，给他一定奖励，陪着他静坐，但是他的反应就是，只要妈妈坐在旁边，他总会提出各种要求，比如喝水、有题目不会写等。有的时候他妈妈急起来就会向他发火，这种方法确实有一定作用，他还是会怕的，但效果不持久。

（于洁：凡事往极端发展都会有问题，比如有人太内向，一个字也不说；有的人不停不歇地说。说白了都是内心极度缺乏安全感。有人躲在小角落里一声不吭，有人把家里灯全部打开，电视不看也要开着制造出声音，其实是一样的性质。他那样对待他的母亲，我想他就是想求母亲爱他、关注他。）

我在学校中发现他其实是一个很聪明的小孩子，反应很快，知识吸收也很快，我会经常叫他去办公室帮我拿东西。他妈妈跟我说，每天回家会问他今天在学校怎么样，他会说老师叫他拿东西，老师很喜欢他，并不会提在学校被老师批评的事。他妈妈也了解自己的孩子，所以特地打电话来问他在学校的具体表现。

（于洁：报喜不报忧是学生的常态。要是说了自己被批评的事，估计在家里还要被母亲再批评一通，不划算的。你做得很对，能量充足的学生，可以让他们多做点事情，来消散他们的负能量。除了帮你拿东西，还可以让他帮你批改小作业，这样可以让他静一静心；还可以让他大声领读，发挥他爱讲话的长处；让他到你办公室来朗读；让他教其他小朋友做题目。让他慢慢发现他表现优秀的时候，会被更多人看见，被人欣赏。）

综上，这两位学生的情况令我很困扰，我深知小学低年级对学生良好的学习习惯的培养十分重要，低年级的文化知识不难，但是习惯培养不好，今后学习都会成问题，希望于老师能不吝赐教，非常感谢！

（于洁：我们确实要注重培养学生的行为习惯，但我们只能心里很重视，手里不闲着；不要把焦虑情绪放大，感觉到他现在不好，以后可怎么办？开学刚两周，学生的变数还会很大，现在下结论都还太早。

我还想说，一个班级里五十多个学生，无论是小学一年级、初中一年级还是高中一年级，每个班都会有上课游离在外的学生，都会有各种行为异常的学生。老师需要尽心尽力，但不要追求完美，以为通过自己的努力全班每个学生都像被熨斗烫过一样平整。新教师难，老教师也未必能够做到。

家家都有一本难念的经，有的人越念越痛苦，有点人硬着头皮念下去了，慢慢就通顺一些了；有的人告诉自己经就是这么难念的，那就放平心态尽力念下去。这是一个老师的自我选择：焦虑还是行动？不耐烦还是耐心实践？我想聪明的你一定会有很好的选择。

十年前，有个小学一年级的老师向我求助，因为班级里遇到和你一样的情况，甚至还有孩子每天拉在身上需要她去擦洗、换裤子。她和你一样写了求助信，也提到了自己努力做了哪些事情。十年后，她已经是江苏省班主任基本功竞赛一等奖获得者，苏州市优秀班主任。是她真的找到了极好的方法解决了那些难题吗？未必。是她修炼了自己强大的内心，告诉自己煎和熬是做出美味的方法。我想聪明的你，一定也会像她一样坚韧的。

我在你身上看到了她的样子。好苗子，嘴角上扬，笑一笑，深呼吸，我们都在艰难跋涉中，这场长征路，我们一起走下去。感谢你对我的信任！）

写给年轻教师的 5 句话

■ 教育是慢的艺术，有时候，我们为孩子种下的种子在很远的将来才会绽放。

◆ **如果有人告诉你这些都是正常的，你的心情会轻松一些。**

当我们从师范大学意气风发走进中小学校园的时候，可能没有想象过会遇到怎样的难关。

我们想象着自己是怎样美好地站在讲台前，想象着我们的学生是怎样用亮晶晶的眼睛看着我们。

站上讲台后才知道，教育的美好是真的，但上文中那些形形色色的问题，也都是教育中最正常的现象。

教育最常用的方法就是"反复抓，抓反复"，没有人告诉我们教育是一场怎样艰难的拉锯战，有时候直到学生毕业，可能还没有看到改变发生。

因为，教育是慢的艺术，有时候，我们为孩子种下的种子在很远的将来才会绽放。

其实，让新教师困惑的这些问题，老教师也同样面临着。只是工作的时间长了，习以为常了，才保持了从容的面容。

◆ **每一个明艳的瞬间，都浸透着奋斗的血汗。**

当一个长者云淡风轻地对你描述过往经历的种种山河坑洼，你应该要想到他也曾经历过成长的痛苦。

跑过马拉松 42.195 公里的人告诉我，在跑到 30~35 公里的时候，是人体极限，感觉实在坚持不下去了，胸口闷痛，呼吸困难，腿脚沉重，每一步都极其艰难。

这个时候最需要人的意志力，加深呼吸，两步一呼两步一吸，同时用力摆臂，这样就能获得"第二次呼吸"，进入平稳舒服的状态，越跑越轻快。极点现象持续的时间是极短的，但是在那一段时间里，是度秒如年的。

没有跑过马拉松，但只要跑过 800 米或者 1000 米的，在六七百米的时候同样会有那样的感受。

一个从来没有跑过长跑的人，也许在一两百米的时候就会有崩溃的状态，而且持续时间还会很长，退而却步者也会出现。

做老师同样如此。年轻教师没有经历过教育中的各种状况（做学生和做老师，肯定是完全不一样的），所以即使时常处在临近崩溃的状态中，也是非常正常的。

◆ **别慌张，笃定些，慢慢来。**

在木艺界，流行这么一句话：三年学徒，五年半足，七年才能成师傅。

徒弟入门后，先干粗杂活儿，担水、扫地、拉锯、磨刨刀、锉锯，干上一年左右，师傅才叫跟着学推刨子、凿眼等下手活儿，以后逐步捉锛、抢斧、打线、开料。

年轻教师同样如此。有时候听老教师一节课觉得好，原样照搬到自己班级里，却发现节奏完全不对，教学任务无法完成。为什么？因为老教师的课堂掌控能力绝非一时半刻可以拥有的。

有时候看老教师与学生交流时三言两语春风化雨，同样的话学来用在自己学生身上，却是鲫鱼蹦跳惹了一身腥臊。为什么？因为老教师的气场以及他们对学生脾性的了解使他们工作起来游刃有余。

记得小时候看祖母踩缝纫机，一边和人聊天，一边手里移动布料，一边脚下踩得风生水起。祖母脸上洋溢的恬淡笑意，让我觉得缝纫是一种多么潇洒的手艺。等自己得意地踩上缝纫机，差点把手指甲钉穿！

会者不难，难者不会。世间万事，无非就是熟能生巧而已。

年轻教师有长长的三十多年，慢慢去学习，去研究教育的山河万象。

◆ **保持了一颗平静的教育心，你就拥有了一颗充满好奇的心。**

青春少年却长发如盖，是学歌星影星的耍酷装拽，还是对世界缺乏安全感，所以层层包裹自己？

上课不停讲话插嘴，是刷存在感求关注，还是纯粹性格太外向？

同样的老师教两个班级，一个班级默写比较差，是整体都差，还是后进生比较多？

发消息给家长督促孩子学习收效甚微，是家长不理睬老师的督促，还是家长心有余而力不足，比如有的亲子关系有问题，家长根本无法管教孩子？

……

把问题当课题去研究，把生源当资源研究。研究不是一件浪漫的事情，你要做好辛苦的思想准备，因为研究的过程相对枯燥。

会当凌绝顶，一览众山小。

教育之路难度更甚于登山涉水，若是做好了坚定的思想准备，就不会在意汗水泪水，总有在山顶把酒临风、喜气洋洋的时刻。

◆ **年轻教师，感恩莫忘，这是做人的基本。**

一路走来，无数机会是学校领导给予的，无数难题是学校同事帮忙的，无数苦恼是搭班老师化解的，更有萍水相逢的同路人鼓励支持。心怀感恩。

你也许真的很优秀，但是千万不要以为所有的机会和荣誉都是你该得的。"墙角的花，孤芳自赏时，天地变小了。"

其实有很多人和你一样努力，和你一样优秀，学校领导更希望春色满园万紫千红，所以有时候机会与荣誉不会集中于一个人，也请你理解，不要闷闷不乐。

放开心胸，和你的伙伴们一起切磋、共同进步，那是年轻人该有的朝气蓬勃。

……

写这篇文章的时候，我有些泫然欲泣。

想起工作 33 年长征般的跋山涉水，想起一路走来无数帮助过我、鼓励过我的高人、贵人，想起经历过的彷徨与苦痛，也曾有极限时的绵软无力想要放弃。

那一路深深浅浅的脚印里，藏着岁月风雨，藏着酸甜苦辣，藏着我最美好的青春，无怨无悔。

教师容易产生的三大教育误会

■ 教育从来不是一个开始，也不是一个结果，而是一个漫长的如履薄冰的过程。

不识庐山真面目，只缘身在此山中。一线的老师，在不同的工作年龄段，对于所从事的教育职业，有时候容易产生三大误会。

◆ 误以为教育是简单的，其实教育很艰难。

刚走上工作岗位的新教师比较容易产生这样的误会。美好的理想遭遇了现实后才慢慢清醒过来。

很多新教师在走上岗位的第一天，虽然心里觉得底气不足，有点忐忑不安，但更多的是一腔热忱。一定要和学生好好说话，一定要和学生做朋友，一定对后进生充满耐心……这些"一定"让新教师在上岗三天后败下阵来。

想和学生好好说话的，结果发现好好说话没人听，不怒吼一声搞不定；想和学生做朋友的，结果发现纪律卫生一团糟，不板着脸做仇人不行；想对后进生有耐心，结果发现耐心再好也经不起学生一次次地挑战你的底线……

刚工作的小学一年级班主任觉得自己很喜欢孩子，那些六岁的孩子多可爱呀，每天和他们在一起一定幸福死了。可是开学一个月，每天给几个孩子换裤子洗屁股折腾得恶心呕吐，实在受不了啦。自己还是个大姑娘呢，哪受得了这个？茫然……

刚工作的初中一年级班主任觉得自己管理这些孩子还是绰绰有余的，教育嘛就学自己以前的老师好了，不就是表扬表扬、批评批评嘛，实在不行给家长打电话，再不行让家长到学校。没想到家长居然不配合，说老师自己不好好管就会叫家长。这说好的家校合作怎么变成互怼模式了呢？太委屈……

刚工作的高中一年级班主任怎么也想不通，自己没比学生大几岁，怎么现在的学生就这么糊涂呢？自己当年盯着高考目标一路高歌猛进，一道数学题目没有做出来翻来覆去睡不着，睡梦里有了灵感翻身而起写写写，真是以此为乐。为什么现在有些学生每天懒洋洋的各种矫情？不可思议……

在大学里，没有人告诉过年轻的他们教育很艰难。就算是实习期间，因为有原来的班主任带着班，有老教师在后面坐镇，实习老师对学生的"真面目"并没有看清楚，误以为自己带得很顺利，每天开开心心的，帮老教师批批作业，听听课，和学生聊聊天，很有点师生和谐的样子，实习结束时还有学生对自己依依不舍哭哭啼啼，心里那个美啊，以为自己轻而易举就感受到了教育的美好。

浮云散去，真相毕露。落差太大，难以接受。

其实教育从来都是那么艰难。这是一项人类灵魂的工程，怎么可能那么轻松快意？你苦口婆心，他两只耳朵这边进那边就出了；你各种招数，他面无表情就是不高兴来理你；你快被逼疯了，他无动于衷只觉得自己被针对……

其实，每个老师都有过心碎的时候。很多老教师开学第一天站在教室里目光炯炯一扫描，就知道谁可能是那个要每天拉锯战到毕业的"魔王"了。

做好最坏的打算，竭尽自己最大的努力，是每一个年轻老师需要端正的心态。教育从来不是一个开始，也不是一个结果，它就是一个漫长的如履薄冰的过程。跋山涉水，无限风光在险峰。

也许有一天你登临绝顶，一览众山小。可是你很快就会知道教育不是翻过一座山，而是乌蒙磅礴五岭逶迤；也不是浅滩戏水，而是一浪接一浪。

年轻的你，要放下心中对教育的误会，真正开始脚踏实地地日出而作，日落而归。要经得起辛苦耕耘却有可能颗粒无收的失落，要像农民一般背灼炎天光地精耕细作，才能感受到身心疲惫后收获时的酣畅淋漓。

◆ **误以为教育是度人的，其实是度人度己。**

工作到第十年的时候，也许老师开始有这样的感悟。

因为年轻的缘故，年轻教师总想着要在学生面前树立自己的威信。脸板着，手背着；看到学生有不当之处即刻批评；看到学生进步了心里虽喜悦嘴里却说不要骄傲；学生稍有顶嘴就怒不可遏，感觉自己师道尊严受到挑衅，非得"镇压"了才好。

那时候，整个人是紧绷的，身架子是端着的，站在学生面前的就是一个老师的样子。似乎对着学生笑一笑就会破了功一样。

总觉得自己在很使劲地度人。你这里不对，应该怎么样；你怎么又错了，长不长记性？你要我说多少遍，才能改正缺点？我是为你好，你以后会懂的；我宁愿你们现在骂我，我也不要你们将来骂我说我没管好你们……

在这样的心理作用下，老师们学会了飙高音、赛喉咙，一个个淑女狰狞了脸，一个个儒生拍了桌子。做这些的时候，没觉得有什么不对，相反觉得自己牺牲很多，真是为了学生操碎了心。

虽然朝夕相处，却依然像陪在陌生人左右，彼此心意不通。师生关系像隔了一层薄膜，学生尊重着你，却不把心里话告诉你；你虽关爱着学生，却时时担心他们给你惹祸添麻烦。

当时有很多事，以为自己做得对，是为了学生考到好成绩；十年之后，总算学会了如何去爱，才发现自己当时对学生的伤害，可学生早已远去消失在人海。

我们用将近十年的光阴，明白了教师的本质身份是"人"，学生也是"人"。师生关系说到底依旧是人与人的关系。平等的、尊重的、关爱的关系。

很多年以后，学生会如何回忆我们，是带着笑，或是很沉默。

前些日子，我30年前带的第一届学生联系我，希望我在他们聚会的时候一定到场。挂断电话的时候，我很想流泪。有一种冲动，想写一封信在聚会时发给他们每一个人。

那时候的我是多么青涩，多么不成熟，多么意气用事，而他们是那样地包容了我，鼓励了我，在我很多崩溃的时刻逗笑了我。千言万语都无法诉说我对他们的感激。我一直以为是自己在教育他们，后来才知道自己才是那个被教育的人。

教育，让你变得更美好，还是更糟糕，这是一个中年教师需要慎重思考的问题。

◆ 误以为自己挺行了，其实常会遇到新问题。

教了二三十年的老教师，很容易产生一种盲目的自信。经验确实是足了，教训也是够多的了。那么是不是可以倚老卖老吃吃老本了呢？

很多老教师说：教了那么多年书，竟然发现自己不会教了。看过那么多的学生，现在居然看不懂他们了。各种各样的问题，让人手足无措。

以前的学生骂几句算啥，家长还帮着老师一起骂，不也没啥，乖乖地就改正缺点了；现在有的学生稍微批评一两句，收了上课时玩的手机，天哪，要跳楼！不是吓唬你，是动真格的！现在的家长动不动就对老师指手画脚，稍一不称心就投诉，咋就站到老师对立面去了呢？

所以现在再用过去的三板斧非但不能解决问题，还添了更多新问题。

老教师觉得有点心寒。其实是老教师对教育产生了误会。流水不腐户枢不蠹，任何老一套停滞不前，都会带来糟糕的结果。

看上去漫不经心的孩子，其实内心渴望着更多的关爱，他在乎着老师的一个眼神，一句话语；父爱缺失的女孩，更容易陷入恋爱，渴望着男孩的保护给自己带来的安全感；上课不停转笔的学生也许不是不认真听，而是用这样的一种方式在思考，也许他自己都没意识到在转笔；动不动就吹胡子瞪眼的学生，也许有一颗柔软的心，就像小刺猬一样，对外界充满警觉。

与老师一言不合就开骂的家长，也许心里知道自己孩子做得不对，但是偏偏死要面子护犊子，也许他还没有想好怎么处理这件事情就急急忙忙把自己的刺张开了……

老教师摒弃动不动就说"你""你们"的习惯，改为亲切的"你呀""我们俩"，也许就能四两拨千斤。就像沙滩上的一个个洞眼里，竹节蛏拼命往深处钻，你与其拿了铲子使劲玩，不如在洞口撒点盐，它就自己迫不及待钻出来了一样。

每个年龄段都有不同的风采，每个教书的日子都充满意外。在暑假的日子里，静下心来，回首往事，就像从山里跳出到山外。不再浮云遮望眼，用一种局外人的姿态审视过去的日子，走出教育的误会，开始一个全新的自己。

我为什么坚持写教育日志

■ 撰写教育日志的核心追求是"成长"。

我刚工作的第一年，是在一个包含初中和高中的完全中学，教师平均年龄四十多岁，我的办公室里，绝大部分是即将退休的老教师。我最爱的事是听他们讲过去的事情。

他们讲起那些已经毕业了多年的学生，表情是轻松愉悦的，曾经折磨自己的苦恼，都随着学生的毕业一笔勾销，言语之间添了调侃幽默。时间的流逝，让曾经的翻山越岭变得云淡风轻。

但往往一个故事讲到关键处，那讲故事的人却开始迷糊了：我是不是记错人了？事是这个事，人好像不是那个人？算了算了，不讲了，记忆力一塌糊涂！以为自己记得牢牢的，讲出来却发现细枝末节都忘记了。

次数多了，他们便认认真真教育起我这个初出茅庐的小老师来：你可不要像我们，你要随时写下来。以后退休了自己翻翻，也是很好的回忆。你看着我们，想回忆都没戏了。

这大概就是我能坚持写教育日志的初衷：写吧，风干了，等老了下酒。

那时候没有电脑，全靠手写。记得第一次写的时候，煞有介事买了个软面笔记本，那时候算是高档货了，很贵的。但真要落笔，却思绪万千，似乎可以写的很多，但似乎能写出细节的很少。我知道，问题出在我的观察不细腻、素材不丰富。

比如我想写某个学生最近有些进步，那么之前他为何不认真？是什么促使他认真了？他会不会只是一时认真没有常性？作为老师，我该如何以此为契机，激励其他类似的学生也认真起来呢？

于是我不急于动笔了，可以先认准一个学生仔细观察一阵子，再把一些素材写在本子上，随着观察的不断深入，素材的不断丰富，我可以一路在原有教育日志上接续下去。

这个发现和实践，让我的心态发生了彻底的变化：

原来对某个学生的各种不良状态苦恼怨愤，只觉得他是我的麻烦，一心想着如何一烙铁下去烫平了这个顽劣分子，但自从为了写作而观察后，反倒是真的开启了把生源当资源、把问题当课题的教育之旅。

当顽劣分子站在我身边时，我不再像从前那样恼羞成怒地训斥，期望三下五除二让他认错；我反而诚恳地问他："你怎么会那样做的呢？你没有想到后果会很糟糕吗？"

当老师诚恳地询问时，我惊讶地发现学生的桀骜不驯和破罐破摔状态顿时改变，老师成为一个采访者，带领着学生梳理事情经过，回忆心路历程，帮助学生自我反省。这个过程，特别有成就感。

事情就在这个类似于采访的过程中有了良好的结果：师生没有了从前的剑拔弩张；没有厉声怒吼，和风细雨中事情得到了解决；回去写下这段事情经过时，我的心情平静祥和。

如今回忆起来，最初那些写在软面笔记本上的文字最为朴实，没有任何文采的讲究，几乎等同于流水账。没有起任何题目，相当于每天写了一篇教育日记。没有任何读者，唯一的读者是自己。没有想过发表，没有一丝功利之心。

流水账写多了，渐渐笔下不再艰涩。有时候热乎乎的事情刚发生，心里急得不得了，恨不得有时间马上把经过写下来，生怕自己一转身忘记了某个精彩的细节，生怕时间稍微过去一些自己就没有了当时那一腔饱满的情绪。

这是真的开始主动地撰写教育故事了。

作为写作者，没有读者是万万不行的。有谁愿意做我的读者呢？有几次写到兴头上，恨不得马上抓个人来看我的文字，但真的把那些文字读给某人听了，换来一个点头或者一句称赞"嗯，不错，挺好"，又觉得太不过瘾，仿佛看到一个笑话觉得好笑得不得了，但真的复述出来讲给对方听的时候，又觉得一点也不好笑了。

直到有一天，我写到了班级里的一些进步和一些不足，写完后意犹未尽，于是在班级里把自己的文字读给了学生们听，他们的专注以及脸上的讶异——"没想到老师会观察那么仔细"，让我这个作者有了莫大的满足，没想到最好的读者就是我笔下的学生！

至此，教育日志成为我做教育不可或缺的一个方法。我可以用细腻的观察来发现学生的闪光点和不足，练就我的火眼金睛；我可以在撰写中发现自己的言语行为不当之处，一边写一边后悔自己当时的不冷静，一边想着后续如何挽回；我可以把教育日志读给学生们，让他们知道自己的细小优点都被我放大了，在我的文字里狠狠夸赞；教育日志成为一座师生心灵沟通的桥梁，我多了一条走进学生心中的路。

也曾有过懒惰懈怠的时候，尤其是一个忙碌的白天结束后，人很疲累，到了晚上总想着放松一下躺一会儿，这一躺时间也就哗哗过去了，没一会儿就该睡觉了。

2006年的时候我开始撰写教育博客"三年的缘"，学生、家长、同行，都成为我的读者。有时候忙碌，有时候懈怠，便有学生问我："老师，你啥时候也写写我呀？"有同行问："你怎么不更新了？我挺喜欢看的。"

这些询问类似于小小的鞭策，让稍有懈怠的我又勤快起来了。我如今开设的微信公众号"于洁沙龙2020"也是等同于给大家递了小鞭子，麻烦大家常来抽抽我，使我不至于懒惰懈怠。

在博客上写了几百篇教育日志后，我发现有点随性杂乱，有时候想找曾经写的某个教育日志，还真的一时半刻找不到，就想着要分类方便寻找。于是就在后期的撰写中开始了分类，有的是师生之间的互动，有的是眼中都是美的户外教育，有的是教学日记。

当撰写到一定数量时，忍不住自己打印了出来，拿个缝衣针装订成古代线装书的模样，自己画了插图，写了目录，做了封面，薄薄的一本，摩挲出了巨大的成就感。

"这是我的文字。"心中很快升腾起一个强烈的对自己的认可：这是我做的教育。

一本一本装订出来后，放在办公桌上也有厚厚一沓了。有同事说："你可以出书了呀！你写得很好哎，人家肯定喜欢看！"

一言惊醒梦中人。

这么多年来，撰写教育日志的字数有几百万了，一本一本的书正式出版了。

有老师好奇地问："你怎么写得出来这么多文章的？你出一本书要关在房间里写很久很久吧？你是不是一直要写到半夜三更凌晨几点？"

你爬过山吗？当你站在山脚下的时候，看见高山巍峨，山顶遥不可及，是不是也会生出畏惧之心？但是当你真的开始一步一步前行时，路就在脚下，似乎也就这样了，慢慢爬着就慢慢接近山顶了。

当然也会有累得想退缩的时候，可是想想一路走来看到的美好风景，还有同路人一起互相鼓励，也就咬咬牙坚持下来了。过了极限点，后面也就只有快乐的感觉了。

将近 20 年撰写教育日志，我的橱柜里依旧保存着最初的那些简朴的线装本手写稿，我时常拿出来翻翻，仿佛对着一张张旧照片一样，辨认着那个年轻的、意气风发的自己，端详着岁月的风尘里自己的教育之心有没有老去。这些文字忠实地记录着我自己一路走来的每一个脚印，我常常对着它们感慨万千。

全国知名班主任王立华老师曾撰文说："教育日志是班主任在定期记录自己的教育实践的基础上，对记录的有价值的事件、细节、体会进行深入反思、批判，提高实践水平的一种研究方法。"

我非常赞同。不过我很想在"批判"这个词语的后面加上一句"同时也是一种很好的回味、享受"。也许曾经的一些教育行为不那么聪明有技巧，甚至笨拙又劣质，但是一路记录着，还真的有点像一个孩童蹒跚学路到稳步行走最后可跑可跳，这是一个成长的过程，是自己一路看着自己走过来的，无论怎样的一个我，都那么真实，酸甜苦辣都是真实的教育滋味。

所以，撰写教育日志的核心追求是"成长"。文笔的越发老练，教育行为的越发艺术，教育理念的越发纯粹，都是成长。

我如今除了像这样撰写长长的教育日志来总结与反思，更喜欢上了和学生同写师生日记，我写了给学生们看，学生们写了给我看，我们像师生，但更像平等的朋友，在日记里互相欣赏，互相调侃。

博客不能再发文了，公众号不断更新，微信朋友圈里照片加文字，录音加视频，撰写的形式越发多样化了。当然约稿也多起来了。

我于是常常自问：你还记得当初手写教育日志时的初心吗？

答曰：记得，不停地写，记录真实的教育人生，风干，等老了下酒。

那些让我警醒的教育故事

■ 保持头脑的清醒，不迷失在那些所谓的成绩荣誉里。

还记得鲁迅的《阿长与〈山海经〉》里有一句"我似乎遇着了一个霹雳，全体都震悚起来"。

在33年的教育经历中，这样遇到霹雳一般全身震悚的时候有过几次，每次都像是被外星人劫走了几天，回到人世间有点恍然，又有点焕然一新。

二十多岁的时候，带第一届学生，自己还有点不谙世事，头脑简单，偏又踌躇满志，四肢发达，做了很多很多事情，这些事情大多是简单化操作。如今回忆起来，真的是完全站在我自己的立场上，丝毫没有考虑过学生的年龄和感受。

比如开学第一个月管纪律，我天真又自信地对学生说："自习课我肯定不会进来像看犯人一样看你们的，我完全相信你们，你们自己做作业哦。"那时候学生笑眯眯的，我笑眯眯的，我心里乐开了花：这才是我要的民主管理呀，你看，师生多么和谐呀。

等到快要下课的时候，我慢慢往教室里走去，真是安静啊，我欣慰地站在教室后门口，静静地看着我的学生们，恨不得身上伸出来无数只手，把学生们可爱的脑袋一个个抚摸过来。

我完全忽略了我自己往教室走的时候，教室的北窗可以清晰地看到我二三十米的行程。

直到有一天，我从另一个方向去往教室，正是自习课的中间时分，突然出现在教室后门口的我看到了让我瞠目结舌的一幕：学生们一个个嘻嘻哈哈的，甚至还有好几个在教室里像猴一样窜来窜去，除了极个别人在低头做作业，其他人完全把这节自习课当成了活动课。

他们在突然看见我的那一瞬停止了所有的声音，仿佛暴风雨前的天地，静得可怕。

班干部们告诉我，几乎所有的自习课都是这样的，他们也管过，但是完全没有用。

"那为什么不来告诉我?！"我气急败坏地问。

他们面面相觑，不知道如何来回答我。其实我心里知道，他们也是混在同学里说说笑笑很起劲的那几个，全然忘却了自己的班干部身份。

那一天，我一个个找他们谈话，我想我像一只受了伤害的露出了獠牙的狼，我怎能容忍学生对我的欺骗? 很快我查清了一个让我无法接受的事实：班级男生有两个帮派，在自习课上以钢皮尺掉在地上的声音为暗号，声音一出来，学生们立即开始嘻嘻哈哈乱成一片。我不管理的自习课，成为这两个男生帮派大展身手的时刻。我气得浑身发抖。

找来了家长，家长抡起拳头教训了自己的儿子，我以再这样下去将被学校处分为威胁，狠狠收拾妥帖了其中一个帮派头头。没有想到另一个怎么也搞不定，根本不把我的话放在心上。他的父亲也只能对他叹气，完全拿自己儿子没招。

此后这个帮派小头头一家独大，更是气焰嚣张，班级里只要我不在，就是他的天下。

和我搭班的是当时政教处的一个老教师，她对我说："你第一年工作，没有威信，一定要来个杀鸡儆猴，不然怎么得了? 给他一个处分，看他还嚣张不嚣张！"

我迟疑了，工作第一年的我对于学校的处分有点懵懂，原谅我，我自己读书时是个好学生，真的不明白处分到底厉害在哪里。可是听老教师这样一说，似乎处分是个可以当头棒喝的东西，让调皮学生变成乖乖孩。

在我犹豫时，老教师替我拿定了主意，以政教处的名义通知了他的父亲。

当天夜里，这个父亲带着他的儿子，背了一袋米来找我，请求不要处分他的儿子。他说自己老婆去世得早，自己一个男人带着儿子，工作又忙，平日里孩子连吃饭都是有一顿没一顿的，是自己没有管好孩子，是自己的错，孩子还小，请老师再给他一个机会。

我看那孩子低垂着头站在他父亲身边，用脚在地上磨来磨去，很不安的样子。他父亲又开始把那一袋米往我手里塞，我手忙脚乱起来："不行的，不行的，我肯定不会收的！"

木讷的父亲大概是把我的推辞当成了一种肯定要处分的坚决，他叹了口气，背了米带着儿子走了。

我看着他们的背影，头脑里一片空白。我想着要不要再和政教处商量一下，再给这孩子一个改过自新的机会；但我心里又矛盾着，我要是对他不了了之，会不会让他从此变本加厉呢？

没有想到处分来得那么快，第二天上班后我就收到了政教处下发的处分通知。在全校通报的广播喇叭里，有一句话"记入档案"，我有点听不太懂，问办公室年纪大的同事是啥意思。同事说就是写到档案里了，以后跟着一辈子了，当兵啥的政审就通不过了。

那一瞬间，我仿佛被打了一个晴天霹雳，全身震悚起来：没想到处分的后果如此严重！

若干年后，我遇到这个男生的表姐，她告诉我她表弟当兵的路走不通了，政审时里面有过处分，虽然后来是撤销的，但是档案里终究是有了一个污点了。

那是 20 世纪 90 年代，学校里但凡处分都是记入档案的，不像现在就是喇叭里说说或者一张布告贴在教室里一会会儿，是决不记入档案的。那时候都很当真。

那一次震悚，对我后来的教育理念和方法都是一次冷静的洗涤。

后来的我不会再把男孩的调皮捣蛋当成是个人道德品质的恶劣，也不会再盲目地自信、盲目地追求所谓的民主管理，先抓后放，一步一步慢慢来，允许学生犯错，耐心帮助学生纠错，成为我的习惯。他们是学生，但首先是个孩子，是个人，不是可以被一烙铁烫平的东西。

在我后来的教育生活中，我极少处分学生，每次都想着再试试看还有没有其他方法可以让他有所改变。他的人生路还长着，未来还有很多可能性。就算有时候必须处分，我也不记入档案，希望不影响到他未来的人生。

这些年我观察到，老师教书到最后基本变成两类人，一类是越来越"飒爽"，一类是越来越柔软。我无法说哪一类是好的是对的，因为放在不同的学生身上产生的效果截然不同。但我自己心里知道，我是往越来越柔软上去了。柔软但又坚定。

三十多岁的时候，我有机会参加西南大学的国培，相对于听专家们讲课，我更感兴趣的是和全国各地的学员们交流。难得有机会外出半个多月，放下班级放下教学，自己出来轻松学习，大家都很开心。加上因为是经过各地选拔出来的，资历相似，各有所长，我们的谈话更是放得开。交流经验，交换教训，彼此特别真诚坦率。

记得有一次交流到教育过程中的一次心痛，张老师说："你们去不去家访的？我是说除了学校规定的必须完成百分之几的家访任务之外，你们有没有自己很主动地去家访过？"

我们都沉默了。说实话，工作一天下来，真的挺累的，谁不想早点回家和家人一起吃晚饭。有时候学生的表现实在不像样，就把家长叫到学校里来，这也是我们解决问题常用的方法。至于主动去家访，估计做的老师不多。毕竟要约时间，要找到学生家，有的老师不善言辞，在学生家里还是有点尴尬的，何况现在还要避免家长送礼的嫌疑。

张老师后来说的关于家访的那件事，我永生难忘。

张老师的学生小陈初一入学时成绩优秀，年级里名列前茅，是张老师的心头肉。可是慢慢地小陈会缺交作业甚至不做作业，张老师提醒几次，也和小陈的父亲有过电话沟通，小陈父亲电话里说好的好的，一定注意管教，小陈依旧如此。但是因为小陈的成绩并没有下降，张老师也就睁一只眼闭一只眼了，心里还想着聪明孩子不做作业也没关系。

但渐渐地，小陈不做作业的次数越来越多，成绩也开始下降。张老师着急上火，再次打电话和小陈父亲沟通，家长依然是说好的好的，一定注意管教，而小陈每次都说自己就是有点懒，所以缺做作业，说完也是赶紧低头补作业，张老师有点恨铁不成钢，但又能如何呢？

仿佛方仲永一样，曾经名列年级前茅的小陈成绩一路下滑，张老师一次次找小陈谈话，软话说尽，硬话讲完，依然无济于事。也曾打电话叫小陈家长来学校，家长说自己实在没空，也就不了了之。

时间长了，张老师也有点心灰意冷，也许小陈就是这样的德行，自己不珍惜自己，家长也管得不得力，白白浪费了自己的好资质。张老师觉得自己已经仁至义尽，还能怎样呢？

小陈最后考了一个职业学校，连录取通知书都没有到学校来拿，张老师没有办法，只好亲自送过去。

这是张老师第一次到小陈家里家访。呈现在面前的是一个破旧的出租房，吃喝拉撒都在一个房间里，一股酸臭味弥散着，让张老师无法承受，这时候她才知道小陈的母亲早早就离家出走了，父亲在建筑工地上忙碌，小陈全靠自己生活，而边上就是黑网吧。小伙子孤独寂寞，无法抵制诱惑。

张老师不知道自己是怎么回家的，她的心痛到极点。如果早一点来家访……

后来张老师在建筑工地边偶遇小陈，他满脸泥灰，和工友们一起蹲着吃饭，他认出了张老师，热情地喊了老师好，而张老师难以辨认小陈的面目，认出来后打了个招呼匆忙走开。

我在听张老师叙述的时候，看到张老师眼中的泪光，自己也仿佛挨了一个晴天霹雳：我也不喜欢去学生家里家访，总觉得是特别尴尬的事情，而且总以为约好了就看不到真相，总喜欢把家长约到学校里来。我有没有和张老师一样因为没有家访导致不了解情况而贻误了学生？

这一次和张老师的聊天，让我看到了老教师心里隐藏多年的刺。张老师说虽然后来她得了很多荣誉，但是终究不是特别快乐，因为心里的刺一直存在着，因为永远无法再弥补小陈这样的学生，心中的刺也终究无法真正拔去。

这些年来，我也确实带好了很多班级，很多学生，似乎学生和家长都很认可我，可是我总是保持着警醒，我知道，一定会有那么几个学生因为我的关注不够或者不是特别了解他们的情况，而让他们成为我的阳光雨露没有普及到的角落。

因为一次次地反思过去，一次次地与同行交流，一次次地震悚，让我保持了头脑的清醒，不会迷失在那些所谓的成绩、荣誉里。

惩前毖后，是我往后余生必须做好的事情。

做一个自律的老师

■ 教师要警惕打着教育的名义发泄自己心中的怒火。

今天和大家聊聊教育中老师需要警惕的一件事情：警惕打着教育的名义发泄自己心中的怒火。

我读小学的时候，住在一个教师大院里，周围邻居都是老师。

K 老师在冬天常披一个军大衣，他教训自己儿子的时候非常直接，要么一拳，要么一脚。然后用两手把军大衣往上一耸，大衣便稳稳地落在肩膀上，他狠狠地擤了一下鼻涕就走开了。

可是有一个冬天，我发现他竟然不上班，而且屋外有一点响动，他就赶紧进到最里面的房间躲起来。

祖母说 K 老师在上课时一时间没控制住脾气，把一个学生的耳朵下方撕裂了，怕家长找他算账，所以才这样躲躲闪闪。

那段时间，K 老师很少说话，夜晚常在院子里抽烟，长吁短叹的。如今想来，这样的事情还是很棘手的，他自己的心里也不好受。

这是教育吗？是教育中的惩戒吗？还是打着教育学生的名义来发泄自己涌上来的怒火？

真正处理问题的方式，是先处理心情，再处理事情。因为愤怒的时候是无法处理好问题的。先分析心态，再处理事态。因为唯有平静的心态才能公平公正地处理好问题。

常听老师说学生把自己惹毛了。叛逆期的孩子说话没有轻重，也容易挑战权威，激情冲动之下容易成为自己情绪的奴隶。尤其是在满满都是同学的课堂里，这样的学生更在乎自己的面子，老师无须因为学生一个错误而在大庭广众之下穷追不舍、冷嘲热讽，种下学生对你不满的种子。

我自己读书的时候，也看见过老师在课堂上和一个学生对峙。老师的声音尖利刻薄，一浪高过一浪，那个违反了纪律的学生先低着头有些羞愧，但是很快就挂不住脸了，开始梗着脖子与老师针锋相对，愤怒的老师拖他出教室，桌子凳子倒了一地。除了看热闹的心，我们也对这个学生充满同情，毕竟在学生眼中，老师属于强势的人，人总是不由自主同情那个相对弱势的学生。

有过这样的记忆，我常提醒自己，老师和学生看人的角度是不同的。

记得很多年前教过一个很调皮的学生，他不声不响惹了很多事情，他的父母宠溺他，我每次对他的教育都像打在橡皮球上被反弹回来。教他的两年里，我每每想起他就觉得有点心烦，后来总算毕业了，我也松了口气。可是这些年来遇到别的学生说起他，却说他人特别好，有啥事找他都很热心。

人性是复杂的，教育是艰难的，有很多时候，为了教育学生，老师不得不扮演红脸关公，疾言厉色，希望当头棒喝、骂醒犯糊涂的学生，可是，老师一定要警惕：别打着教育学生的名义发泄自己的怒火，别肆无忌惮什么话都骂得出口。

自律是教师很重要的专业修养。

别放任自己的嘴。能说会道是教师的重要特征，可是说什么却要好好掂量。

一个成绩不好的学生迟到了，一个成绩不好的学生默写一塌糊涂，一个成绩不好的学生考试不及格……就算教师心里再不喜欢这个学生，也不要在课堂上抛下其他一群人盯着他叽里呱啦一顿教训。否则，到头来发现浪费了好多时间，只好拖课好几分钟才完成教学内容。这样的老师，眼里只有这个"差生"，心里只有"不齿"，嘴里只有"嘲讽"，却还以为自己是在兢兢业业教育学生。

别放任自己的手。拿粉笔的手是传授知识的，不能用来打学生的脸、戳学生的头的。

若是放任自己的手，毫无自律，教育生涯迟早会毁在你自己的手里。

"长得丑的水果，都会努力让自己甜一点"，这是我看到丑橘时的第一反应。一个老师，如果无法让学生信服自己，唯一能做的是丰盈自己，把课讲得更通俗易懂一些，把课讲得更吸引人一些，把对学生的爱变得更智慧一些。如果我无法改变学生，那么我先改变自己。花若盛开，蝴蝶自来。

有些老师骂了学生、打了学生以后，会有恐惧，担心学生出什么事情。那一刻，教师心里是后悔的，后悔自己说的话里有讽刺、挖苦、打击，知道自己动手是不对的。可是一旦没有发生什么事情，时间长了，就老习惯复发，再次口不择言，手无收敛。直到出了大事才后悔莫及。言行没有自律的老师，总有一天会遇到毁灭性的事情。

我在网上看到一个句子："岁月是残酷的，它在不自律的人身上是把杀猪刀，对自律的人而言，却是最好的整容液。"我想同样适用于教育。

当一个老师言行有度，赞扬有度，批评有度，不放任自己的情绪，这样的老师在学生心中不怒自威。学生心中自有一杆秤，究竟是不是为了他（她）好，不用老师说，学生心里清亮亮的。

所以我们会看到，虽然有的老师很凶很凶，可是凶得严而有格，对事不对人，学生又怕又敬，若干年后还感激涕零；虽然有的老师一有空课就冲进教室讲题目，但学生心里反感，因为真正属于这个老师的课堂上，这个老师却在讲废话浪费时间。

王小波说："人一切的痛苦，本质上都是对自己无能的愤怒。"老师发怒，究竟是为了教育学生，还是为了发泄对自己无能的愤怒，值得思考。

严而有格，为人师表，是每一个老师需要做到的自律。

教师的情绪管理

■ 教师要学会从容面对教育中的挫折和伤痛，避免情绪失控。

数学老师燕子回到办公室，脸上笑眯眯的："哇，心情好好哦。今天陪餐，我坐你们班级男生那一桌，他们吃完了，站起来对我说：'老师，我吃好了，您慢点吃，我先走了。'听得心里真是温暖极了。"

真好！我心里喜悦着。记得第一次陪餐，我也是坐那一桌，男孩们吃饭速度快，吃完了站起来就走，简直把我当空气。一个我忍了，两个我忍了，第三个站起来的时候，被我拉住了衣角，我可怜巴巴地说："先对我说句话再走。"男孩们都好奇地走过来听。

"来，这样说……"我掰着手指头教。

"哦……"他们恍然大悟，都笑起来，"老师，您慢慢吃，我吃好了，先走了。"

我一一点头，笑着嚷嚷道："在家里说的时候再加一句：等会儿碗我来洗。"他们挤眉弄眼地跑了。

如今从燕子的反馈来看，孩子们还真是记到心里去了。多好，给燕子老师带来了好心情。孩子们说这句话的时候，也是很开心骄傲的吧。口吐莲花，心有余香。

亲爱的老师，你看，这就是正向情绪价值的作用。它是给人带来美好感受的一种能力，引起正面情绪的能力。

◆ 学会让情绪带有钝感力

作为老师特别需要拥有正向情绪。在我们日复一日的教育教学中，难免积聚一些负面情绪，渐渐如落叶般堆积在心里，沉沉的，让脚步不那么轻快，脸色变得凝重，嘴角也下压了。

若有某事被导火索点着，落叶迅速蔓延火势，瞬间旧怨新恨涌上心头，突然就控制不住地暴怒了起来。

"你，你，还有你……"愤怒之火在噼里啪啦中燎原一片，若能及时觉察自己的不对劲还好，一个急刹车悬崖勒马；若怒火攻心失去局面掌控力，真会后患无穷。

事实是火气过后，常有悔恨，心头悻悻，颇觉尴尬。

大概每个老师都经历过这样的情形，从刚开始的眼睛里容不得一点点沙子，到渐渐明白学生犯错是常态，教育就是传道授业解惑的过程；从一开始的只以成绩衡量学生，到渐渐明白成绩不代表人品，以偏概全只会门缝里看扁了学生。

这一个不再一惊一乍的"减速"过程，是一种情绪的钝感力，是一种从容面对教育中的挫折和伤痛的能力。这种迟缓和从容，能够很好地避免情绪失控。

◆ 学会让负面情绪归零

朱光潜说："经历过不美的岁月，始终温和地坐在黑暗里，为自己置一个聆听的位置。"

我们初为人师时，内心常有焦虑与挫败，甚至深夜辗转难眠，唉声叹气。这一段类似黑暗的经历，我也曾经历过。那时候，情绪是冬日的水，心沉沦其中，常有凉意与寒气。

那时候的我常常默默地坐着，既沉重黯淡又不知所措，天寒地冻又凄风冷雨，唯一可以做的就是缩坐在黑暗里，静静地复盘一件件不美好的事，聆听自己轻轻的叹息。

很多年后，我发现，这样一段默坐的经历，就像一个人用手紧紧环抱着自己，安慰着自己，怜惜着自己，鼓励着自己：没事，一切都会过去的。

默坐的时候，情绪已经度过了最愤怒、最伤心、最挫败的时候，发现自己当初不冷静、不客观的态度，导致戴了放大镜去看事与物，因此一切都失去了本来面目。

心渐渐温和下来。这一刻，情绪价值在坐标轴上归到零点。

年轻的老师，慢慢学习坏情绪归零。

很多老教师在教育叙事中，也会详细回忆起当时某刻的剑拔弩张，怒火攻心，焦虑不安，殚精竭虑，苍白无力，但又会在后续的文字里醒悟，正是一次次挫败练就了自己坚韧的心志。

这是一种历尽千帆后的少年归来。真正的英雄，看清了教育的艰难后依然热爱它。

亲爱的老教师，要把自己的几多艰辛、几多辛酸、每一串泪水，多和年轻教师讲讲，你苦过他们的苦，愁过他们的愁，你用岁月的油盐酱醋拌上云淡风轻，既是对往日那个努力的自己做个总结与奖赏，也是给年轻的伙伴带去安慰与激励。

这就是老教师的正向情绪价值，给深陷负面情绪中的年轻人注入强韧的生命力，告诉他们教育没有绝路。

◆ 在抱团取暖中飞升情绪价值

我刚来这个乡镇轮岗时，人生地不熟，半路接的班级也实在难管。办公室三个人，除了燕子，还有小云。开学后的第二天，我说起自己的种种不适应时，语带哽咽。燕子和小云立刻站起来伸手抱了我。泪水盈满眼眶的那一瞬，心反而轻松了。

在交流中，我才知道她们两个也因为我的到来而惴惴不安，担心我居高临下，担心我刻板难处。当我们三个面对面各自说出心中的想法时，不由得彼此哈哈大笑。

都是一样平等的人，都是一地鸡毛乱飞的班主任。那么，抱团取暖是最好的表达方式。

小云是唯一一个把我的班级从初一带起的任课老师，每当我在办公室里沮丧地说起某个学生让人抓狂的样子时，她会立刻停下手里的事情，认真地对我说："你不知道他初一是什么腔调哦，那时候真是，他在你手里已经变了很多很多了！"

仿佛清流注入浊水，我的心一下子就豁然开朗起来。瘪轮胎充了气，一下子就可以跑了。

这是一个屋檐下同事间的正向情绪价值，悲伤时彼此安慰，快乐时彼此分享。仿佛深谷里孤独的溪流，渐渐汇聚在一起，不再担心烈日下的干涸。

其实班主任最害怕的就是任课老师的告状，负面情绪从此传彼，再波延至学生，天光暗淡。若教师之间传递正向情绪价值，同样遇到学生问题，班主任就不再是垃圾桶、背锅人与孤独者，团队的力量就会如冬日暖阳，让办公室里涌动春意。

今天，收到一束梅花，没有花瓶，一枝一枝插在小绿植花盆里，明艳动人，桌上一堆试卷要批改，还有几个学生要重默，但小云说：一抬头，见到的就是美好。

◆ 在师生默契中传递正向情绪价值

这几日我咳嗽得厉害，每次讲课时退到黑板边上咳嗽时，都可以看到学生们担忧的眼神。我摆摆手继续讲课。下课时，小雅走上来对我说："老师，你摊开手！"我才刚摊开，她就迅速地往我手里放了个小小的吉祥物，笑着转身跑了。

我握着，只觉得幸福如药，咳嗽将好。

其实前几日小雅也是愁眉苦脸的，她考试没有发挥好，拿手的科目考砸了。她在日记里用潦草的字表达着烦躁的情绪，我给她留言说："急啥？擦干眼泪再来呗，撸起袖子干。还有，我才不会因为一次考试成绩而怀疑你的实力呢。抱抱。"

晓晓是我的课代表，放学时走过来问我："你身体好点了吗？"我冲她点点头，她便瞬间绽放笑容，摆着手，小鸟一般雀跃说："老师再见！"

其实刚接班时，她总是严肃地板着脸，搞得我也不敢和她开玩笑。好在日记里我可以很放肆地对她说各种调皮话："哎呀，被你写得这么好，我可怎么办呀？""讨厌呀，有才的你把我想说的话写完了……"她的笑容越来越多，渐渐与我有了默契。

英语默写纸下发时，有人哇哇大叫："我一百分！我，我，一百分！"我抬头一看，原来是常常要重默的小马。我装作没听见，转身走开。

等放学的时候，我拿了个盒子进班级说："今天英语 100 分的同学上来领取奖品——可爱的背包鸭，可以挂在书包上哦。"

"谢谢老师！"小马抑制不住激动的声音，响亮地传到我的耳边。

这是独属于师生之间的默契，小小的吉祥物，悄悄的文字，惊喜的奖品，传递的是人与人之间的善意。早出晚归的辛苦，彼此感受；成功失败的情绪起伏，默默安慰；为你欢喜为你忧，但从未失去过对彼此的期待。

师生彼此的正向情绪价值传递，让一天天的学习生活充满了温暖与情趣。当学生毕业后离开学校，若干年后想起的，一定不是知识与分数，恰是这样的正向情绪。

"老师，我还记得你当年对我说'你写的文字我很喜欢看'。"

◆ 在不戴"盔甲"的家校合作中输出正向情绪价值

我从小宇家长发给我的复习照片中看出小宇的书桌很乱，几乎没有能写字的地方，难怪他的作业到处是墨团团。我向小宇的家长吐槽了那张书桌，家长带着小宇一起进行了整理，当天拍出来的照片真是赏心悦目，而小宇的作业也大有改观，字迹端正清爽。我向小宇家长开启了夸夸模式，家长说自己也有凌乱不整理的坏习惯，以后也要改变一番。听得我捂嘴直笑：教育不仅仅教孩子，还顺便影响到了家长。

因为种种原因，有个学生在初一时不受人待见，护子心切的母亲，知道初二开学后自己孩子又一次惹了麻烦，我找她来学校时她早已准备好了"盔甲"，但她没想到的是，我见了她第一句话就是："你放心，我会对你的孩子好的。今天找你，就是想当面告诉你这句话。我们一起配合好，慢慢改变他。"她一直倔强忍着的泪水终于喷涌而出。

谁不疼自己的孩子？就算种种不如意，还是自己的心头肉。我特别理解，因为，我也是个母亲。

当我们彼此微笑看着对方时，当我们相对而坐促膝而谈时，我们卸下了警惕与对立的盔甲。抱有正面情绪，更容易降低血压，促进大脑回路的建立和发展；抱有爱和感激情绪，能显著减少焦虑和抑郁。

多站在家长的立场，多输出正向情绪价值，这是一个老师的职责与能力。看到学生的七分优点告诉家长，发现学生的三分不足提醒家长，这样完整的对学生的评价，带着善意与友好，温情与希冀，家长的接收度会很高。

人心都是肉长的，卸下"盔甲"的家长温暖可亲。

"合"字的甲骨文是盖子盖上容器的样子，家校合作中，教师输出正向情绪价值，就像一个盖子与锅严丝合缝，煮出一锅美好的滋味。

明晓人性，做教育别伤心

■ 伤过的心，要学会自我疗愈。在这条艰难的教育路上，我们结伴而行，互相安慰，互相取暖，互相鼓励。

最美人间四月天，但对教师尤其是班主任而言，三月、四月却是暗藏了较多隐患的季节。我接到的来自班主任和任课教师的求助密集起来了。

◆ **教育中不是只有你这个老师才遇到这些问题，要放平心态。**

求助1：A老师发现张同学的作业没有交，找他要。张同学懒洋洋地说："我现在不想写。"A老师吃惊地看着张同学，比起张同学不做作业这件事，张同学在老师面前懒洋洋的腔调更让A老师难受。A老师说："他连理由都不愿意编了，完全是破罐子破摔了，似乎激怒我才是他真正的目的。"

求助2：B老师几次在预备铃声响后进入班级查看学生的课前准备工作，发现有几个学生总是压着正式铃声的最后一个音符进班级，甚至还有迟到现象。问原因都说是上厕所。B老师查看监控后发现其实他们是躲在一个角落里玩扑克牌。B老师说自己最伤心的是里面还有一个班干部，完全是非不分，监控里看他玩得非常开心。

求助3：C老师发现王同学每天上主课睡觉，副课却精神抖擞，做各种违反纪律的事情。走过他身边时发现有一些烟味，通过监控发现他会躲进没人的厕所，等他离开后里面就有烟味，后来发现他书包里有香烟。他的成绩早就是倒数第一或倒数第二了。老师询问他时，他满口谎言，没有一句实话。

求助 4：D 老师的班级新接了一个上一届因为抑郁症休学一年的孙同学，但是刚上了半个多月，她就又不想来上学了，每天在家躺着玩手机，家长也没有任何办法。D 老师最苦恼的是孙同学在这半个月中结交了沈同学，孙同学在家里和沈同学每晚用手机聊天、玩游戏到半夜三更，导致沈同学每天带着黑眼圈来上学，上课也睡觉，渐渐也有了抑郁状态，不想来上学，家长焦急万分。

求助 5：E 老师接到一个学生母亲的电话，说在打扫儿子房间时，垃圾桶里发现了一个避孕套。学生的母亲慌得手都发抖了，打电话给 E 老师，询问在班级里自己儿子有没有和哪个女生走得很近。E 老师也吓坏了，但感觉平时也没有发现什么异常。学生母亲问 E 老师她该怎么办，E 老师一时不知所措。

求助 6：F 老师接班后，发现班级里一个家长经常挑刺。中考的体育考试有跳绳项目，F 老师建议家长给孩子买根绳子在家里多练练，有其他家长问买哪种绳子比较好，F 老师就上网找了几款并发了购买链接，该家长说 F 老师在卖绳子赚钱；上学时间、放学时间、作业、考试成绩、餐费、研学等，只要是学校有什么通知，该家长都在家长群里用令人不爽的言语质疑 F 老师，F 老师不想在群里和他怼，生怕激化矛盾更糟糕，但经常气得默默流泪。

你看，说出来都是一把辛酸泪。哪个班主任没有被学生气到过，只要有教育行为发生，就少不了批评指责甚至惩罚处分，必然会一不小心被学生记恨。这都是正常的，教师是成年人，学生是未成年人。成年人和未成年人本身是不对等的，不必计较，不必伤心。我工作没几年的时候，还看到有一个班级的班干部因为被班主任批评，对她的班主任说："你名义上是培养我们的能力，其实就是自己想偷懒。"我至今还记得那个班主任气得浑身发抖的样子。

◆ 在春季，学生问题频发是有原因的，老师不要有挫败感。

季节问题：春季的气压相对较低，雾蒙蒙的天气比较多，气温也忽上忽下，发烧、咳嗽、过敏比较常见，很容易影响人体的激素分泌，导致心理机能紊乱，焦虑、狂躁、精神分裂等情况也多起来了，民间还有"菜花痴"的说法。冬去春来，人们脱下了厚厚的棉袄，人体活动自由多了，活动空间也大了，就像蛰伏了一个冬季的小动物们一样，开始活跃起来了。

压力问题：春季是新学期的开始，从吃喝玩乐的过年状态一下子进入早出晚归、忙于写作业、考试的状态，各种压力陡然而来，毕业班的学生还面临着百日誓师和倒计时，心理压力较大，每个人承受的能力不同，较弱者超过一定限度就很容易频发问题。学业上因为之前不认真而脱节较多的学生，还有自我感觉已经掉队跟不上的学生，除了学业上"躺平"外，多余的精力就会用来无事生非。

亲子问题：家长的焦虑、焦躁，对孩子的手机、作业、成绩等一系列管理上的有心无力，导致亲子沟通鸡飞狗跳，家庭矛盾频发。

同伴问题：学生最重视的同伴问题也会在春季较多的活动中出现纠纷，一些小事在言语上、行动上会出现一言不合就变成你一帮人我一帮人的群体事件，引发一次次的矛盾纠纷。

源本问题：对于起始年级而言，经历了9月到1月的对新学校的适应期、熟悉期，到了三四月份，部分学生的"尾巴"藏不住了，不"装"了，露出了原本的状态，也会出现很多让老师烦恼的问题。

◆ **在教育中遇到问题时，多想想人性的弱点，会彻悟很多事情。**

这些求助的老师，遇到的问题和网络上曝光的一些学生和老师在教室里发生激烈的矛盾冲突不同，都是不激烈但是很棘手的问题。假如师生双方或者老师和家长干起来了，倒也好办，直接提交学校领导或者教育局，由领导层面解决。这些求助的案例，像一根根刺，扎在老师的心里，严重地影响了老师的职业幸福感。有的老师在求助时甚至说自己经常失眠，想到这些学生和家长的事情，就无法入睡，不知如何面对；同时又心惊胆战，每天上班都提心吊胆，自我感觉所花的努力和心血都被这一两件事涤荡一空，进入一种天空雾蒙蒙的低气压环境，觉得自己也在抑郁状态中了。

以上求助，我不做一一解答，因为得到的信息有限，学生也不是我了解的学生，老师的性格和气场也和我不一样，很难对症下药。我想从人性的角度来谈一些想法，希望能够帮到老师们。

首先，学生是恶不自知的，甚至有时会不以为耻、反以为荣。

比如抄作业、不做作业、默写偷看、上课看闲书、偷带手机、躲起来抽烟、上课讲闲话传纸条等。这些让你非常生气，你觉得非常不好的行为，在学生看来未必是什么不得了的事情。他们甚至带着老鼠和猫的挑战刺激的心情来做这些事。抱着侥幸的心情，被老师发现就躲避、撒谎、抵赖，试图瞒天过海；瞒不过去了，索性破罐子破摔，也要维护自己的面子，甚至不惜和老师斗起来。

这就是未成年人很大的特性：做事不计后果。在他们的世界里，除了学习的压力，暂时还没有其他生活的压力，不用为一日三餐发愁，不用为还房贷而节俭，不用跑医院服侍老人，不用为小孩的升学操心，不用为家务而忙碌……未来、前途，对他们是很遥远的事情。当你和他们讲这些的时候，他们是没有感觉的。所以才有成年人的恨铁不成钢的焦虑和一声叹息，成年人的掏心掏肺，对未成年人而言就是掏了个驴肝肺，嫌弃得很。成年人的"我是为你好"，对未成年人而言是"烦死了，又来了"。

这样的委屈，这样的无奈，是成年人必须经历的一种折磨和历练。事实上，很多成年人是自己当了父母才渐渐懂得自己父母当年的苦楚，是自己做了老师才渐渐体会出自己老师当年的用心良苦。

其次，人性很多时候是有弱点的。

一个老师在教育过程中，面对的是一个集体，任务也是带着这个集体努力前行。这个集体的人员是参差不齐的，势必会有集体和个人的利益冲突。冲突发生时，教师必须保证集体利益。上课时教师希望分秒必争，多讲一些，但一定会有学生干扰课堂，拖慢节奏，这种情况下，教师只能确保绝大部分同学能够有良好的听课环境，有时必须批评、指责、制止某些学生的干扰行为。教师的升学压力，是心里想着如何让更多学生能升入高一级学校，事实上，教师的工资和考试分数完全不挂钩，真的是一心期望这些别人家的孩子能有更好的前途，但这样的苦心也会经常被辜负。比如上文求助中那个家长关于中考跳绳的猜忌。

斗米恩，升米仇，对你九个好你不记住，时间长了还觉得对你好是理所当然的；对你一个不好你就记恨一辈子，这样的事情经常发生在师生和家校之间。每个人的立场和角度不同，矛盾就很有可能发生。老师发现学生的错误，急着指出，觉得这是职责，是为了学生好；学生却觉得老师一直针对自己，是和自己过不去。各自进一步，矛盾冲突就会发生。

所以，做老师的，必须彻悟这一个人性的弱点，做一个格局大一些的人。不和学生计较，不和未成年人计较，把该做的事做好，做成了高兴，没做成，也不伤心，不怀疑自己的能力。不要希冀自己会被学生感恩，抱一颗纯净的心去做教育。未成年的情商发育还有漫长的路要走，他们脱口而出的话只图一时爽快，不会顾及老师和家长的想法，怎么"狠"怎么说，老师如果因此而气得不行，是老师高估了人性。事实上，很多成年人的情商也很低，说话也是不经大脑思考，更何况未成年人？

再次，教师要努力看到自己的成功之处，让心中充满美好的能量。

人生海海，铁打的教师，流水的学生，彼此交集一段时间后，我们目送学生离开，我们是彼此的匆匆过客。作为老师，我们和他们在一起的时候，竭尽所能，尽力而为就好。人生不如意十之八九，教师也不可能成为事事如意的人。有些意外，不请自来；有些伤害，不可避免。这也是完整人生的一部分。

我写这个文章的时候，正是清明节。我很爱"清明"这个词语。人生，应该要"清明"，清清爽爽，明明白白。校园也是一个社会，老师必须和学生、家长、同事打交道，年龄完全不同，对人生的认识完全不同，处理问题的方式完全不同，每个人的性格和涵养完全不同，发生矛盾冲突再正常不过。

只愿自己的存在是给别人带来一点美好和光亮，只愿自己的良苦用心能在未来的某一天被记起和明白，只愿不辜负了自己清明的教育人生。

哪个老师没有被伤过心？不说而已。所以，彻悟人性后，学会放下过去，重新出发；学会控制情绪，保持理性；学会看积极的一面，增加正面能量；学会多加思考，用行动解决问题，而不是用苦恼和牢骚来把问题变成压在心里的巨石；学会求助，学会示弱，学会学习。

记得木心的《云雀叫了一整天》中有一句很悲伤无奈的话，"你强，强在你不爱我；我弱，弱在我爱你"。人都有软肋，教师的软肋就是想拼着命地帮学生变成更好的人，有时想着法子鼓励，有时咬着牙齿批评，为他欢喜为他忧愁。而学生，也许就是怎么也不领情，让你的爱成为单相思。从这一点看，爱真的是不平等的。双向奔赴的爱，难能可能，但不是没有，它成了我们老师心灵深处永远的喜悦满足。

就像人生得一知己足矣一样，就冲那一点点的师生、家校美好情感的双向奔赴，教师也是一个幸福的职业。

伤过的心，要学会自我疗愈。在这条艰难的教育路上，我们结伴而行，互相安慰、互相取暖、互相鼓励。

我们都不是踽踽独行的人，亲爱的伙伴，我们一起风雨兼程。

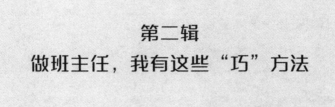

第二辑
做班主任，我有这些"巧"方法

常有老师问我：你常常半路接差班，为何到了你手里没多久班级就变好了？有没有什么"武功秘籍"或者是"杀手锏"？还有老师问我：看不到你发火，你总是心平气和、云淡风轻，为何能够管好班级？不发火能够管好班级，你一定有什么绝招吧？

做班主任，我有这些"巧"方法

■ 世间哪有不付出就唾手可得的"巧"方法，"巧"方法都是在汗水中凝结而成的。

俗话说熟能生巧，一转眼，我做班主任 32 年啦，还真是从生到夹生到半熟到有点熟了，渐渐地就总结出来了一些"巧"方法。

1. 任课老师吐槽学生，我咋办?

班主任的心情啊，有时候还真不是自己能左右的。比如，和学生强调过很多遍了，下课不要打打闹闹，结果呢，远远地就看到两个调皮孩子在走廊里都打闹得滚倒在地上了，气!

一个重要的知识点，讲了 N 遍了，结果呢，作业收上来一看，错了一大片，气!

课上发现一个学生打瞌睡，喊醒了又睡着了，打电话向家长反映情况，家长居然反过来教育老师要把课上得有趣一些，气!

这些气呀，其实还好，班主任心里最难受的呀，是遇上一群任课老师来向你吐槽："你们班级谁谁谁，作业又没有交!""你们班级有十来个学生完全不想读书!""你们班级谁谁谁上课就知道睡觉!""你们班级那几个成绩好的也是当面一套背后一套!""看看你们班级谁谁谁，衣服穿得都恨不得不穿了!"

这些话是不是特别熟悉?尤其是年轻班主任和一群老教师搭班，那是隔三岔五会听到一次呢。"你们班级……"唉，明明是一起教的一个班嘛，咋就变成"我"一个人的班级了呢？

年轻班主任听着心里阴云密布，可是在老教师面前自己插嘴都插不上，咋办？冲进班级把学生痛骂一顿，哀其不幸怒其不争！明明自己已经很认真了，却落得这个下场，自己骂着骂着也要哭出来了。对不对？骂完了哭完了更郁闷，不解决问题呀。

这样的场面，我在刚工作时也经历过几次，后来就想这样被动挨打不行呀，于是呀，想出了三招"巧"方法。

第一招：加入吐槽，发泄负面情绪。

任课老师们"你们班级""你们班级"说得起劲的时候，我就立即加入，用"他们这群家伙"的第三人称，与任课老师一起吐槽，一起痛诉学生们的不认真、犯迷糊，比任课老师说得还义愤填膺。说实话，这样还挺爽的，任课老师说完了，我还没有说完呢，毕竟我是班主任，手里"黑材料"一箩筐呢。这么一次大吐槽，也是释放掉我积压在心里的负面情绪，同时也让任课老师知道我的不容易。

第二招：哀伤示弱，寻求解决方案。

任课老师们"你们班级""你们班级"说得起劲的时候，我听得内心哀伤，但是心里明白，哀伤有啥用，解决问题才是王道！何不化悲伤为力量！可力量从哪里来？年纪轻资历浅，没底气呀。赶紧示弱："哥哥姐姐们，叔叔阿姨们，可怜可怜我，赶紧教教我该怎么办？"拿出本子拿出笔，"求各位大神支招，小的现学现用！"

用这法子既转移了负能量，又能向老教师学到一招半式，真是一举两得呢。

第三招：平衡心态，问题就是课题。

在一片吐槽声中，暗暗告诉自己："天将降大任于是人也，必先苦其心志……"人家都是老教师了，人家还跑我这里来吐槽，可见自己遇到的是老教师都没法搞定的难题呢，不必苦恼。赶紧想办法把这些问题当课题研究吧。左三年又三年，一届学生毕业了，再来一届学生，有时这样，渐渐地就把有些问题研究出来解决方案了。一个班主任的成长过程，就是这样螺旋形地上升的。

2. 家长配合不在线，我咋办？

学生经历了寒假，懒懒散散地来上学了，再加上手机已经在学生手里待了那么长时间，几乎就要和手心里的肉长在一起了，可是因为特殊原因又不能大规模开家长会寻求家校合力，咋办？

不能大规模就小规模呗。小型家长会效果反而比全体家长会好。花上一个星期，分成五个批次，每天放学后傍晚 17:20—18:00。学生和家长一起参加会议，会议结束后学生和家长一起回家。当天的值日生可以请这些参加家长会的学生来完成，其他学生准时放学回家。

第一步，根据开学至今学生的不同情况，在学生名单上圈点勾画进行分类。

我一般把学生分为这么几种类型：

1. 很努力，很想要学习，成绩还不错的。需要家长、老师多鼓励，更明确目标，响鼓重锤敲的学生。

2. 很努力，想要学习，但是成绩还不够理想的。需要家长、老师给出更好的学习方法，增加信心的学生。

3. 有小聪明，但是不努力，成绩中等或是不理想的。需要家长、老师多督促并给出一个跳一跳够得到的目标的学生。

4. 学习习惯差，学习成绩差，但是人品很好的。需要家长、老师多次纠正学习习惯并在某一门功课上能够有所突破的学生。

5. 为人处世需要更多调教的，成绩不管是好还是差，需要家长、老师多交流、多配合、多关注的学生。

这是我根据自己班级的实际情况做的一个分类，仅供参考用。

第二步，签发邀请卡。

提前两天发邀请卡给相应批次的学生，方便家长能够有时间安排好自己的工作，保证准时到会。放学的时候把邀请卡给到相应的学生手里，请他们回家后第一时间给家长。告知学生关照好家长来学校的时候把邀请卡带上给学校门卫看，这样门卫测量体温后就能够放家长进校门了。如果学校有几个校门的，还要关照好学生告知家长从哪个校门进来，车可以停在哪里。教师自己还需要提前告知学校门卫。

第三步：认真准备好家长会。

在纸上手写每一个学生的情况，包括在班级里的为人处世、学习情况、任课老师的反馈、班主任的希望，需要学生做好哪些事情，需要家长配合好哪些事情。

在小型家长会召开时，可以让孩子和家长坐在一起，和老师围成一圈，方便近距离面对面交流。老师手里拿着纸条，有备而来，有的放矢，老师讲完后学生和家长也发言，结束时学生把老师手里的纸条带回家。

第四步：一周观察后反馈。

这个反馈可以和家长约好，一周后由家长向老师反馈，也可以由老师向家长反馈，并商量好下一步如何家校合作。

我一般一个学期会召开两次小型家长会，一次大型家长会。也就是说基本上是一个多月开一次家长会，外加电话沟通、手机短信沟通以及单独请家长到学校交流，确保家校之间不断线。

3. 说教教育太苍白，咋办？

我充分利用了大课间、班会课等时间，和学生一起看完了《摔跤吧，爸爸》《奇迹男孩》《小王子》《战狼》等电影，也和学生们分享了春天的槐花、月见草、鼠尾草、金丝桃、鸢尾花等植物照片，播放了我自己的配音朗读《女孩，你很珍贵》，还介绍了独臂男孩张家成的故事。

学生们在每日一记上写了很多观后感，多种多样的教育形式，改变了教师一张嘴就是说教的模式，更容易进入学生的内心，更适合青春期的孩子。

现在网络媒体发达，教师在手机上浏览各种教育类公众号时，可以有意识地收藏一些教育资源，在时机合适时放给学生们看。

当我们语文课上学了《礼记一则》中的"教学相长"时，我也鼓励学生们做别人的小老师。为了增加小老师的仪式感，我们在走廊里放了圆桌子和凳子，小老师们入座，请教者走出教室询问小老师，听懂后再讲给小老师听一遍，我就用手机拍下各种镜头。让学生们明白教别人其实是最好的一种学习方法，可以彻底把知识搞懂。

我也利用碎片时间，给每个学生写信，装在漂亮的信封里送给学生。文字可以很温暖、很走心、很委婉、很动情。比口头的教育效果好得多。

4. 单兵作战会技穷，咋办？

再有经验的班主任，如果没有经常充电学习的过程，也会江郎才尽，黔驴技穷。更何况学生各个不同，千人千面。有的学生不用扬鞭自奋蹄，有的学生鞭还没扬就落泪。

除了向身边的同事多请教，我们还可以团队作战。

2012 年我建立了"于洁沙龙"，建有"8 点不见不散"小树洞和"于洁沙龙全国分享群"大树洞。每周三晚上 8:00 —10:00 是主题讨论时间，每周一个主题，都是关于班级管理中的热点、焦点、难点。全国各地的班主任们各抒己见，集思广益，有时赞扬有时拍砖，思想火花不断迸溅。在这样的氛围中，人不会懈怠，受益匪浅。

工作中遇到了委屈，在树洞里吐吐苦水，会有一堆人来安慰你，给你出主意；遇到了棘手的问题，大家都把自己的经验和盘托出，总有一种适合你；同一个话题一起来写写真实的案例，看看别人的做法，别人的教训，有些弯路就不会再阻碍自己。

当我写到这里，自己从头到尾看了一遍"巧"方法，不由得抿嘴而笑。世间哪有不付出就唾手可得的"巧"方法？

任课老师吐槽，要不是听得多了，把我逼急了，我哪里想得出那三招？

家长配合不在线，要不是经历多了，实在是没辙了，我哪里想得到开小型家长会？

　　说教教育太苍白，要不是自己都觉得没力，哪里会想到还有电影、音乐等多种方式？

　　单兵作战会技穷，要不是亲身感受腹中空，哪里会想到一群人才能走得远？

　　哭过，急过，灰心过，疲软过，这些也许你现在正在经历的感觉，我都一一经历。当我云淡风轻地说"来来来，我教你一些巧方法"，请别以为我是"大神"。

　　这世间从来没有"大神"，都是被虐惨了的人。

　　那些曾经的泪水汗水凝结成了一双强大的翅膀，奋力地往天上飞。

做班主任，我有这些笨方法

■ 只要觉得有意义，就不计成本去做。边做边改良，边做边创新。

常有老师问我：你常常半路接差班，为何到了你手里没多久班级就变好了？有没有什么"武功秘籍"或者是"杀手锏"？

还有老师问我：看不到你发火，你总是心平气和、云淡风轻，为何能够管好班级？不发火能够管好班级，你一定有什么绝招吧？

我没有秘籍，没有杀手锏，没有绝招，只有很多笨方法，如果你愿意听，我就细细道来。

1. 一头一尾加中间

工作 33 年啦，我每天早晨 6：40 站在教室窗外。不说话，只是静静地看。看学习委员在黑板上写好要交哪些作业，看学生 6：50 前交完作业，看组长、课代表收作业，看他们统计好缺了谁，写在小纸片上，交到老师办公桌上。晚于 6：50 到班级的学生就先自己去办公室交作业，划掉自己的名字。在走廊就准备好英语书，进教室立即加入英语朗读。

不管今天是什么早读课，反正 6：50 开始是英语朗读打卡时间。课代表在讲台前大声领读，读到我感觉大家都比较熟了，我就走进班级。我站在谁的身边，谁就来大声领读，一直读到英语老师进班来带早读课。这样我很快就知道每个学生英语的学习情况了，不会读的人名字都记在我心里，到了自习课或者大课间，我就请几个厉害的学生来一对一教他们。

一日之计在于晨。站在窗外看学生读英语，也是对学生早晨精神状态的一种观察。若是萎靡不振的，就询问是否身体不舒服，是否需要和家长联系；如果不是身体问题，那么是否昨晚睡得太晚，是作业做得晚了还是玩手机，可以和家长及时联系。

6∶40 站在窗外，也是避免学生一早来抄作业，除非学生比我来得还早。

33 年来，我也曾经想过今天不是我的语文早读课，也想再多睡一会儿，偷懒一次。但每次想到自己教育学生要持之以恒，就赶紧从床上爬起来。毕竟再多的言语教育，都抵不上榜样的力量。每次看到课代表们到办公室交了作业后噼里啪啦奔跑到教室参加英语打卡，我心里都会很欣慰地想：瞧，不说话，不发火，也会有气场，有力量。

开好了头，就要收好尾。33 年来我坚持每天放学时的 3 分钟小仪式。每天最后一节辅导课快要结束时，我就在教室窗外守候，等任课老师走出教室后，我就进入班级，做一天的收尾工作。学生们记录好课代表写在黑板上的当天各科作业，每组第一位同学检查本组同学作业记录是否完整，以免出现第二天交不出作业时，找借口说不知道要做这个作业。学生根据当天作业来整理书包，把凳子塞入课桌，走上前来和我微笑挥手，师生互道再见。当天的值日班长留下来打扫卫生，等其他学生全部离开教室，我和值日班长一起打扫卫生，说说笑笑或是各自扫地拖地都可以，全凭学生不同性格决定。等打扫完毕，关门关窗关灯，师生微笑互道再见，我才最后一个离开教室。

有人说反正最后一节辅导课结束后学生自己会离开校园，值日生会完成打扫，何必非要自己守着放学呢？我们可以来对比一下：

假设应该是 17∶00 放学的，有个家长到 18∶30 打电话给你说："某某老师，我们家某某怎么还没有到家呀？你们几点钟放学的呀？"如果你自己是 16∶30 就下班了，让最后一节辅导课的老师上完课就放学的，家长的这个电话你回答的时候是否有些心慌又焦虑？

假如是我接到这个电话，我会说："我们是 17：00 准时放学的，没有老师留某某，我是最后一个离开教室的，他是 17：00 离开班级的。你再等等看，也许某某是路上耽搁了，如果到了 19：00 还没有回来，你就赶紧和我说。"

至于和值日班长一起打扫教室卫生，主要是观察学生是否有劳动能力，扫地、拖地手脚是否麻利，这是一个很好的除学习以外的表扬学生的好时机。如果发现学生干活不利索，笨手笨脚的，看得出在家里不参与劳动，可以和家长联系，多让孩子在家里干干活。另外，我一直觉得一个班级的卫生不仅仅是学生要管理的事，老师也应该参与班级劳动。老师帮着值日班长一起打扫卫生，师生之间的情感更进了一步。老师是如何干活的，学生也看在眼里，这又是一个榜样的传达。何况学生打扫教室终究会有没打扫干净的死角，师生一起劳动，教室必定打扫得很干净，一个窗明几净的教室，是可以让师生都赏心悦目的。这也是一个老师对学生身心健康的一种关注。

当然，这也和我自己个人的卫生习惯有很大关系，我自己喜欢干净，在家里也爱搞卫生，在班级里也希望自己和学生生活在一个整洁明亮的环境中。我也希望我这样爱干净的习惯能够传递给学生。毕竟一个人的一些良好的生活习惯是对人终生有益的。除了学习，我们还应该教会学生德体美劳，一个老师应该有这样的主动意识。

所谓中间，其实就是每节课预备铃响后的时间。通过多年观察，我发现每个任课老师的习惯不同。有的是预备铃响之前就在教室门外了，有的是预备铃响后慢慢往教室走，有的是正式铃响了才慢慢往教室走。我的习惯是预备铃一响立即往教室走，站在教室窗外看课代表领读。一方面观察课代表的领导能力，一方面也是协助课代表做好领读工作，让班级以响亮整齐的朗读声迎接任课老师的到来，而不是以吵吵闹闹乱七八糟的状态迎接任课老师。预备铃响是为了让学生静下心来开始新一课的学习，如何静下心来，需要课代表的带动，需要学生的自觉意识，也需要班主任的重视与督促。

直到任课老师进班，我才离开。有时候正式铃声已经响了一会儿了，但是任课老师还没有进班，就让课代表立即跑步去办公室查看情况。假如任课老师临时有事无法授课，那么我可以立即安排课务，确保班级有老师在。

33 年来，走动管理我从未缺席。我佩服有的老师可以人不在学校还能遥控指挥学生，而我自己坚持长久地陪伴学生。不同的生源，不同的方法。我的陪伴是静静地站着，不说话，由学生干部指挥一切班级事务，而我负责培训学生干部，配合学生干部，协助学生干部。我这个老师不爱说话。

这样走动管理还有个好处，就是强行规定了我自己每节课都要起来走动一下，而不是一直坐在办公桌前。就算办公室和班级比较近，一天下来也要接近一万步。所以 33 年来，我没有颈椎病、腰椎间盘突出、肩周炎这样的职业病。学生也养成了听到预备铃音乐结束后在教室里安静下来的习惯。这对于学生静下心来认真听课是有好处的。

夏天到来时，学校往往安排学生中午趴在桌上休息 20~30 分钟。很多老师觉得学生上课都恨不得要打瞌睡，有了午睡时间自然就会赶紧趴下休息，所以常常站在教室门口喊一声"休息"，看见学生齐齐趴下，就放心地回办公室去了。间或隔一段时间悄悄来看看。

殊不知有的学生是不该睡觉的时候睡着了，真要他睡觉时就兴奋得想捣蛋了。于是你就会看到等老师一离开，几个学生就立即溜到厕所开启聊天模式，或是在远离办公室的拐角借着接水聊天。还有的在教室里眉来眼去各种打手势或是丢纸条。

我的习惯是坐在教室门口和学生一起休息。学生们趴下休息的时候，我可以静静地构思语文课的教学，构思自己下一步要做的德育工作，构思自己想写的某一篇文章，也可以闭上眼睛小睡一会儿。这也是我一天中难得的休息时间。

陪伴学生休息，就确保了学生休息。这也为下午上课时学生的精神状态保驾护航。

2. 自习课一分为二

33年来我坚持亲自陪伴学生上自习课。我当然知道有的老师特别厉害，不在教室看自习，教室里的学生都安安静静的。我知道我自己，我更知道自己的生源。所以还是老老实实待在教室里陪学生自习吧。在培养学生自我管理的能力之前，还是踏踏实实抓好每节自习课的效率吧。

自习课的前半节课我让学生安静做作业，不允许问问题，这样杜绝了以问问题为借口的交头接耳。等做了半节课作业了，自己的生源自己知道，理科上自然有一些题目是学生自己独立不会做的，但是肯定会有一小部分学生是会做的。

于是后半节课开启小老师授课模式。讲台前坐一个，教室前后门各坐一个，教师门前走廊里再坐两三个。学生可以离开座位向小老师请教。这几个小老师都是学生自己选出来的，平时也很乐意给同学讲解题目。

之前已经给小老师们做过交流，告诉他们教学相长的道理，给别人讲一遍题目，最得好处的是小老师自己，那个讲解过的题目一定极其深刻地印在自己脑海里了。

我甚至自己掏腰包在网上定做了小老师的桌子，放在教室走廊里。

差班、乱班最差最乱的就是自习课，抓好了自习课，也给了学习能力不足的学生一条出路，他们可以向别人请教后完成部分作业，总比不给一点出路，逼得他们只好偷偷抄作业甚至自暴自弃不做作业要好。

自习课我一直都在的，要么在后门那里练习挺直腰背站立，要么在教室里巡视学生，要么拿着手机拍下小老师给同学讲解的镜头，要么喊某位同学到走廊里个别谈话，要么我自己安静地批改作业或是备课。我的自习效率也是学生的榜样。

3. 师生共写小日记

管理班级我话不多，学生一天的时间也排得满满的，想要找一个学生交流十几分钟，是件难事。那就坚持书面交流吧，文字更加走心。

我自费印刷了《家校之桥》，设计了"学生每日一记"和"于老师日记"两个栏目。我告知学生只管放心大胆写，没有任何主题的规定，也不会把学生写的隐私公开，不求文采，只求真实。这是师生的一种心灵交流方式，在这个交流中，我的身份是学生的大朋友。我是倾听者、安慰者、分享者和建议者。

学生晚上写好，第二天早上 6：45，自己放在讲台上，而 6：40 我已经在教室窗外站着了，所以不会有谁会去翻动他人的《家校之桥》，确保学生的隐私不会公开。我离开班级的时候带走所有的《家校之桥》。

我每天有一个小时的时间是花在阅读学生的"每日一记"上的，我会用红笔把学生写得有趣的、有文采的画圈，或是对日记做一点小小的点评，画个笑脸或是流泪的面孔。在用词上不说教，而是以幽默风趣的方式写在本子上。"哈，好玩""同情你哦""看好你哦""我也想吃，我被你写得馋了""你让我生气了，难受想哭"等话语，让学生觉得老师是个很有人情味的人，而不是板着一张脸一本正经的扑克牌。

每天中午我打印"于老师日记"，贴在学生的《家校之桥》上。我把自己的所见所闻所思以文字的形式呈现出来，重点落在我对班级学生的观察上。有时候学生的"每日一记"写得好的，不涉及隐私的，比如对路边景物的描写，生活中的小确幸等，我也会摘录在"于老师日记"里，作为对学生写"每日一记"的赏识。"于老师日记"也会进行一些科普，结合学生各科所学，整出趣味来。比如在物理课上，学生学习了摩擦力，"于老师日记"里就发出一个挑战：给你一张大报纸，你有本事不用任何胶水就让它贴在墙上不掉下来吗？

"于老师日记"也有不露痕迹的教育，比如关于学生不能沉迷于手机，"于老师日记"里没有任何的说教，而是放出来了大脑对比照片和国外研究成果，效果比说教好得多。

这些年来，我已经印刷和使用了 3000 多本《家校之桥》。当然也有学生从来不好好写"每日一记"的，那又如何？只要有一两个人在"每日一记"里感受到了师生心灵交流的愉悦，这件事情就是有意义的。只要觉得有意义，我就不计成本去做了。边做边改良，边做边创新。从来不去妄想一分耕耘一分收获，从来不奢望创造奇迹。正因为有这样平和的心态、阿Q的精神，我反而收获了很多意想不到的惊喜。

4. 花式奖励重趣味

教室门上的带磁的星星分为绿色的和红色的。绿色的是满分星，比如作业全对，背书流利，默写全对。红星是其他项目，比如背书过关。一周统计一次，誊写到教室后面的记录单上。这样到期末的时候就可以不费吹灰之力选出三好学生和其他奖项。显性的奖励更能激励人。学生们更在意的是50颗星星后的"脱颖而出"手写卡。我买了漂亮的树叶卡片，学生积满了50颗星星后，可以挑选自己喜欢的树叶卡，我写上"祝贺你脱颖而出，未来可期"，并署名、写上日期，赠给学生。满10颗星星换1颗红豆，看谁收集的红豆最多，那是来自老师真诚的祝福。

点外卖奖励学生，最省钱最有诱惑力的是山东水饺。一个个单独包装的，洒上醋，学生一个个来拿了吃，气味散开，时间是傍晚放学前肚子最饿的时候。也有时学生齐心协力完成了某项任务，表现特别好，那就在某天早晨奖励每个学生一根热气腾腾的油条，吃得满室生香，引得走过路过的人羡慕不已。

定制各种班级奖励标志，如大拇指奖杯，一鸣惊人奖，感动班级人物奖。总之是要把抽象的奖励化为有形有内涵有意义的奖品。当然还有实用的奖励，天冷，给骑车上学的学生每人买一副手套。暖暖的，很贴心。

写到这里，已经是22:25了，我的习惯是必须在23:00前入睡，坚决不熬夜。

我虽"笨"，但并不是悬梁刺股的勤奋者。我希望自己是白天里狠抓工作效率，晚上能够睡好美容觉的淡定人。

不着急啊，不用那么拼命的，慢慢来。

开学准备工作详细清单

■ 开学准备工作落实到细节，开学才能更从容。

记得有一年我们培训新入职教师，每次从上一位讲座者向下一位过渡时，我都穿插一个三分钟开学准备小妙招，受到了新教师们的热烈欢迎。

◆ **制作席卡。**

比如当场拿一张 A4 纸手把手教大家折席卡并写名字，在底座粘上双面胶，在还没有见到学生前先随意粘贴在学生座位上，这样学生一来就可以立即入座，避免了学生闹哄哄的场面。等学生全部入座后，再让一组学生按照身高排成一列纵队，根据高低调整这一排座位，随后再调整第二排。在这个过程中，因为名字和人对上号了，老师心里有底气，管理就有的放矢了，开学的第一步排座位就很省力了。

还可以把席卡都放在讲台上，先让学生在走廊里按照身高排队，老师安排相应的座位，定下座位后，学生去讲台认领席卡，粘贴在座位左上角。

还可以在席卡向外一面写学生名字，向里一面粘贴课程表，方便学生今后做好每节课的上课准备。

当然我也关照新教师们尽量用粉红色、淡蓝色、米黄色的 A4 纸和黑色的字制作席卡，避免白纸黑字的情况。

培训结束后没几天就开学了，我收到了大量的学校老师拍下的席卡照片，大家开心地说解决了一个大问题：能够在开学第一天就轻松叫出学生的名字啦，组长、课代表收作业也方便啦，学生之间互相认识也快捷了，任课老师也夸班主任用心了。

由此可见，我们的开学准备工作需要做一些务实工作，想一想，学生开学第一天需要什么，任课老师第一天有什么需求，班主任自己第一天有可能遇到什么问题，这样面对需求的措施才能真正让自己忙而不茫，得心应手。

◆ **准备标签纸。**

买很多标签纸。一大张标签纸基本由 9 小张构成。我的方法是在开学前几天，按照学生名单，一大张上的 9 小张写同一个学生的名字，等开学报到发书那天，我同时下发写了名字的大标签纸，让学生揭下一个个小贴纸，贴在语数英等书本封面上，再每人下发几张大标签纸，让学生自己一个个写好名字，贴在各科作业本上。小小标签纸，解决了老师们经常遇到的一个棘手难题：总有学生交上来的作业本没写名字。

这个过程，是让学生们看到班主任的工作习惯：注重细节，做事井井有条又有方法。这是一次很好的榜样示范，时间长了，学生们也会成为这样爱动脑筋的人，遇到问题不再是抱怨，而是动脑筋解决问题。

这个做法，也避免了以后书本丢失又无人认领的情况发生。因为有名字，所以彼此不会混淆。

我在教室走廊里为每个学生做了一个成长袋，也贴上了姓名标签纸；我为学生购买的试卷包也贴上了姓名标签纸。这样班级里就很少出现"走失"的物品了。

◆ **准备带有磁性的课程表格。**

有的老师没有把课表贴在学生席卡上，那么就需要每天在黑板侧边写下当天的课表。像我因为班级管理是采用值日班长制度的，每天有一个学生做值日班长，那么我就在课表下面写上当天值日班长的名字，方便大家知晓。我购买了一个带有磁性的课程表格，贴在黑板上。以后换别的教室了，可以轻松取下来带走。

◆ **准备便笺纸。**

比如下雨了，家长群里就会喊声一片："老师，我放学要来接孩子，在西门等，你帮我通知一下孩子……"瞧，对于记性不好又特别忙碌的老师而言，小便笺纸就发挥大作用了，立即写下，有几个写几个，等一下课就带着便笺纸去教室，撕给学生，一字不说就直接通知到了。当然，学校里其他各种通知你也可以写在便笺纸上以免忘记。

别以为便笺纸只起到这个作用。你可以准备一本心形图案的小便笺纸，提前写好很多张。写啥？"上课认真听哦，紧跟我的节奏，你可以很棒的"等内容。你上课时，兜里揣着它，这样假如你讲课时发现有人走神了、讲闲话了、做小动作了，你就可以不惊动班级其他人，不动声色讲着课，若无其事兜着圈，迅雷不及掩耳地贴一张在那个人的课桌上。既给了学生面子，又做到了提醒，也没有影响课堂节奏。这样的小提示可谓悄悄的，又让人记忆深刻。

◆ **准备双面胶。**

教室讲台上放一个，办公室里放几个。像我这样每天要写"于老师教育日记"打印给学生贴在师生沟通本上的，双面胶的利用率非常高。还有每次考试前布置考场贴座位号的时候，也用得着。班主任只要在名单后面贴上双面胶，然后剪下来一个个名字给学生，学生撕下双面胶就可以贴桌子上了。

◆ **准备暖宫贴。**

女生例假来容易肚子疼，班主任抽屉里可以准备好暖宫贴和姜糖粉，并且告知女孩们如果遇到这种情况就来找老师。男班主任如果也有这手准备，能拿得出来，哇，学生保管一辈子记得您了。

◆ 准备奶和糖。

抽屉里预备好奶片和水果糖，有纯牛奶更好。万一哪个学生没吃早饭低血糖犯了，满头大汗浑身无力呈虚脱状态，这个可以应急。

◆ 准备雨花石。

色彩明亮、晶莹剔透、光滑圆润、爱不释手。这是我的学生的评价。虽然我教语文，但是我每天清晨听学生读英语 15 分钟，让学生开火车一个个带读，声音响亮发音准确的，就放一块雨花石在学生桌子上以示赞赏。积累得多的学生可以在家里养金鱼，把雨花石放在鱼缸里。说真心话，不贵，网购 500 颗六元八角。

教室布置全靠网购，但是有四个小提醒：

1.色彩上尽量用亮色。避免黑色、灰色、紫色。我一般采用绿色和明黄色。比如绿叶和向日葵这样的颜色组合。

2.墙面布置注意留白。不要布置得满满当当让人眼花缭乱，有窒息感。而且，以后还要有新的东西布置上去。

3.装饰物品简洁明了。不要用流苏那种飘飘垂垂的，容易分散学生的注意力。尽量不要打洞破坏墙面，毕竟以后这个教室还有下一届学生和老师用的。

4.绿植买容易养护的。如果是放在教室里面窗台上的，建议不要买开花的，以免有学生对鲜花过敏（本人是严重过敏者，深受其苦，所以感同身受）。买四季常绿的，毕竟买来了不久就枯萎发黄凋落的，让人徒增悲伤。买浇点水就能活的。花盆是塑料的，轻巧不容易碎裂。还有，不会招惹虫子的。所以感觉绿植还是尽量放在走廊里比较好，有阳光雨露容易活。

◆ **准备通讯卡。**

把所有学生家长的手机号码和所有任课老师的手机号码做在一张身份证大小的塑料卡片上，给任课老师们人手一张。大街上复印店里都可以做，5 元钱一张，特方便特管用。

还可以准备的其他小物件：各种文具用品、打洞机、小的塑封机（给学生拍个照片，可以打印出来塑封一下送给学生）、针线包等。

◆ **选出得力的班长。**

说实话，好多老师开学后头疼的第一件事就是选不出一个得力的班长。不得力的主要表现是：情商低，算盘珠子拨一拨动一动。能力弱，慢吞吞，有时还拎不清导致南辕北辙。

我选班长极少看走眼，因为我选的时候学生们都不知道我在选班长。

开学报到那天，我让所有学生去图书馆搬书到教室，规定大家每人搬一些，争取一次性搬完，我会站在教室里等候他们回来。他们去的时候，我会问一声："谁认识图书馆呀？"

这时候有学生会举手说"我认识"，如果谁也不认识，我就再问一句："不认识怎么办呀？"这时便会有学生说："没关系，我们去问一下。"

说这个话的学生是相对灵活自信的。我会记住他们，等会儿再重点观察一下他们。

等学生回来后，一沓沓书依次摆放在黑板下面的地上。学生们全部坐回座位。我会喊："谁来负责发书给同学？"很快就会有手高高举起。我一般会喊五个人左右。第一轮每人负责发一种书。在他们发的过程中，我不做任何指导，只是静静观察，看他们是怎么发书的，是否思路清晰、动作灵活又彬彬有礼。你还别说，这个过程真的各种状况都有，有的左发发右发发，结果发得乱了；有的为了贪快，把书重重地飞到同学桌子上又滑下来了。等第一轮发完，全班立即校对，是否每个人都发到了五本书，看看谁负责发的是有漏发的。五本校对好就放课桌里，桌面上继续空无一物。我开始点评："我看到有的同学发书的方法很正确，一竖条依次发下去，再发第二竖条，这样就不容易有遗漏；我还看到有的同学发书是轻轻地稳稳地放在同学桌子上的；我还听到有同学对发书的同学说谢谢！"

这个点评的过程，是一次全班性的文明礼貌教育，做事习惯教育，也让那些很会做事的又有礼貌的同学获得大家的欣赏，更让学生明确我这个班主任的在意点和欣赏点。

这样到第二轮发书时，就很少会出错了。以此类推三轮四轮直到全部发完并校对完毕。

这个时候，真正的考验就开始了。发书的同学已经满头大汗，毕竟是刚搬了书还没来得及喘气就又发了书，终于发完了，一定会有几个回到座位上开始休息了。

你还别说，还真的就有那么一两个学生看着满地包装袋和废纸，弯下腰来收拾进垃圾桶的。在这个过程中，我只是微笑地看着，等他们干完，我带头鼓掌。学生们一愣，也随即热烈鼓掌，我就趁机说："咱们班级需要这样热爱集体、做事能力强、想得很周到的同学来引领大家建设一个良好的班集体，我提议由某某某某同学担任我们的临时班长，考核期半个月，如何？"

因为他们的行为刚才都被学生看在眼里，所以学生们都会欣然接受。半个月中我再手把手培训辅导，最后确定正副班长人选。

有老师会问：会不会有成绩很不好但是很会干活的，出现在这个人选里？那么成绩不好就没有说服力了呀。

实话实说，这样的情况不多见，极个别。毕竟做事思路清晰、头脑灵活、做事沉稳、彬彬有礼、想得周到、愿意吃亏、任劳任怨这几个素质综合在一起的人，真的可以说是智商情商都比较高的。

假如真有那样的情况发生，当个副班长或者劳动委员也挺好的呀，说不定有了这样的职务后学习上比较努力了呢？

班长选好后，开学工作就会有条不紊地开展起来了。

◆ **召开任课老师会议。**

召开一次任课老师会议。建一个任课老师群，听听任课老师的需求，比如每个老师需要几个课代表，要课代表做什么事，作业要求几点前必须收起来等。

我也会和任课老师们提一些我的想法：

1. 每天各科家庭作业我都会让课代表放学前写在右黑板上，所有学生和老师都看得到，请大家注意控制作业量，打好团体战。如果哪门功课作业一直很多，我会提醒该门功课的任课老师。

2. 请大家自己批好作业后做好登记，不能仅仅根据课代表提供的名单来确定谁交了作业，以免有漏网之鱼漏网多次后产生侥幸心理。如果有谁没有交作业，就让学生到办公室来补作业。这样学生才不会变成老赖。经常缺交迟交作业的，要和我说。

3. 尽量不要拖课，这样有利于学生做好下一节课的准备工作，确保课间得到休息。

4. 有什么需要我这个班主任做的，只管说，我一定全力以赴尽力而为。

5. 体育课不要占用。让学生通过体育锻炼释放负能量，这样有利于学好文化知识。

6. 可能有学生带有智能手表，请大家批评学生时注意用词和言行得当，以免失控被拍或被录音造成被动。

这样的务虚会议，其实是打团体战的必需做法。人心齐泰山移，一个班级任课老师的精诚团结，特别重要。

◆ **召开家长会。**

开学一周后我比较建议开个家长会。是学生和家长坐在一起的大会议。

开学虽然只有一周，但是班级学生的精神面貌和行为习惯其实已经露出端倪，作为班主任，闲话废话少说，充分利用好手机。

注意：只拍正能量的内容。在家长会上——放给学生和家长看。

拍下干干净净的卫生间。赞扬开学一周的 5 个值日班长管理有方，赞扬坐在垃圾桶附近的几个学生关心集体，赞扬全班同学文明有礼，爱护班级。告诉学生和家长，只有班级干净，同学们的身体才会健康。

拍下清晨专注读英语的同学。赞扬他们专注的时候最美，什么是成绩提升最快捷的方法？专注。尽量多拍几个，这样绝大部分学生专注读书的照片呈现在电脑上，既是对他们的赞赏，也是对没有出现照片的同学一个无声的提醒。甚至可以把照片塑封后送给学生家长，家长和学生就被强化了清晨来了读英语的信号。

拍下为班级服务的同学劳动的照片。赞扬他们的集体意识，表扬家长教子有方，既注重学习又注重劳动教育和服务意识。这个做法也是对家长的一次教育理念指导。

拍下优秀的作业。提醒学生和家长字迹端正、答题规范的重要性。

……

用照片说事，不会让家长感到枯燥乏味，既充分表达了老师的想法，又让学生和家长明白学生的言行举止老师都看在眼里，无声的照片是无声的赞赏。

通过正面激励，表达带班理念和管理要求，这是个好方法。学生们坐在下面心潮起伏，被发出照片的，自豪地坐直了身子；没有被发出照片的，心里想着下次家长会也让自己亮个相。

虚虚实实中，教育无声。

把班级带到年级第一背后的秘密

■ 坚持做好每天一题。

2021 年 6 月，初三中考成绩出来了，我们班级妥妥的年级第一，更让我惊喜的是，那几个一直徘徊在年级中上游始终进不了年级前茅的小男生，竟然考上了昆山最好的高中。

我和教数学的张老师眼神对视，抑制不住的喜悦伴随着击掌哈哈大笑，旁人不知，我俩心里太有数了！

想不到那个方法才用了一个多月，竟然这么有效！

记得初三下学期开始时，我和学生们商量提分方案，大家都认为应该在数学上有所突破，因为数学 130 分，是各科中的大分数科目，而且数学基本都是一类一类题目，只要弄懂了一道题目，就等于弄懂了一类题目。确实如此，在初三中考时，谁赢得了数学谁就可能脱颖而出。

可是学生们虽然明白数学的重要性，却在操作上不知所措，依旧是很空虚地说着"好好做数学作业"，作为班主任，作为语文老师的我，也很茫然。

我心里知道，他们所谓的"好好做"仅仅停留在嘴巴上，遇到不会做的题目或者时间来不及，估计就是跳开不做或者大清早来抄作业或者干脆手机搜题抄答案了。大概也就那几个一心想考最好的高中的学生，还真能"好好做"吧。

如何让全班学生都能够真正在数学上保持每天好好做数学作业，努力提高数学分数的状态呢？

2021 年 5 月的一天中午，我照例看了一眼课代表写在黑板上的各科作业，权衡着是否有的科目作业量太大，突然看到数学作业边上多写了一句话："P45页第 3 题好好做！"

"啥意思？"我问数学课代表小鹏。

小鹏是 4 个数学课代表之一，平日里负责收发数学作业和在黑板上布置数学作业。所有老师对他的评价都是两个字"浮躁"，而他自己也挺苦恼，不知道如何才能克服那看不见摸不着的"浮躁"，他的成绩总是排在班级中上游，连学校里的培优班都没有资格进去。他的数学成绩在 130 分里也只能考 90 分左右，在同学们心里威信不足，也让他挺苦恼的。

"张老师说这个题目很典型，中考很容易考到，所以要让大家好好做。"他告诉我。

我的脑海里突然灵光一闪，"好好做"？

好呀，我们就来每天一道"好好做"，就拿每天作业中的一道题目，在学校里做到每个学生都会做。学生们一定欢迎，因为这就是每天数学回家作业里的一个题目，在学校里做掉了，非但没有加重他们的负担，反而减轻了他们的负担。

和教数学的张老师商量后，我立刻做好了"好好做"实施方案。

小鹏负责每天早晨就去问张老师当天的数学作业，尽早公布在黑板上。由张老师指定其中某个题目成为"好好做"的题目。这个题目必须符合两个条件：属于基础题，难度是学生稍微跳一跳就能够得着的；属于中考常见、常考类型。

学生们利用上午课间时间研究讨论这个题目怎么做。到中自习结束后，我询问哪些学生已经会做这个题目了，请他们举起手来，这样还不会做的学生就可以利用课间向他们请教。

到放学的时候，再次询问哪些同学已经会做了，再次举手，还不会做的抓紧去问会做的，确保这个题目在放学前每个学生都会做了。

放学时请当天做过小老师，为别人讲解过题目的学生上台领取小老师标志——绿星星。

你心里是不是想着会不会有学生滥竽充数不会做说会做了，一定不会，他们比谁都急着想要在放学前学会做这道题目，因为这是当天的数学回家作业之一。最重要的是，我有一个扎扎实实的措施：一天一道"好好做"，三天三道，等三道题目大家都说会了以后，由课代表小鹏把三道题目手写在一张 A4 纸上，我负责印成小试卷。在第四天找个空，由我监考，全班考一考，看看你是不是真的会了，是不是能够非常熟练地完成了。因为有这样一个措施，所以学生们每天讨论一道题目时真的不会滥竽充数，因为自欺欺人的结果就是在第四天原形毕露。因为都很熟练了，所以基本三道题目 10 分钟就可以完成了。

考完后数学老师立即批改，大约 15 分钟可以批完。全对者被张老师打星星，有错者要到一个同学那里请教，再到另一个同学那里说一遍解题过程，然后订正好交给张老师再次批改。

全对的学生把试卷折叠后放入教室外墙自己的"满分袋"里，并且领养一只可爱的树脂小狗狗，有 12 个品种呢，看谁有本事集齐。那一刻他们的内心是极度愉悦的。

就这样轰轰烈烈地，"好好做"开始了，张老师的坚持，我的坚持，小鹏的坚持，学生们的坚持，拧成一股绳，数学老师说听课效率明显提高。

小鹏因为多了这个出题目的任务，再加上担任数学课代表，总要拿出点样子来给同学讲讲题目吧，不然人家来问答不出来多尴尬，他开始拼命钻研题目，但毕竟自己一个人能力有限，总有搞不出来的时候。于是和他玩得比较好的一群同样"浮躁"的小男生，经常在课间凑在一起，从原来总说吃喝玩乐的事情变成了为了一道题目争得面红耳赤，不经意间，一群人的数学成绩都提高了。小鹏的信心足了，人也沉稳起来。

每天放学时，我总是笑眯眯地问："今天谁给别人讲解过数学题目呀？"

学生们七嘴八舌地说："我们互相讲解的，我讲给 TA 听，TA 讲给我听！"

"厉害呀！一个个都是小老师！"我开心地说。

隔个几天，放学前我就点几份山东水饺的外卖，热乎乎地放在讲台上，麻利地洒上香醋配料，让他们洗干净了手自己来拿了吃，"小老师们辛苦啦！自己能够教别人，是世界上最帅的事情啦"！

"我来教你！"这句话很快成为我们班级听到次数最多的一句话。

"走进去上课，太舒服了！"数学老师张老师感慨道。

怎么样？亲爱的班主任，你动心了吗？要不要也来试试看？

40个金点子把倒数的班级变成年级第一

■ 坚持好习惯，坚持到成为自然而然的事情。

1. 每天上午 6:40 站在教室窗外。学习委员在黑板上写好要交哪些作业，学生交完作业，课代表 6:50 前交到老师办公桌上。晚来的学生先自己去办公室交作业，划掉自己的名字。在走廊就准备好英语书，进教室立即加入英语朗读。谁没有交作业，任课老师就会把谁叫到办公室补作业。

2. 每天上午 6:50—7:10 英语朗读打卡。

3. 每天晚上 10 分钟英语打卡。学生发现英语背书很快速，不知不觉就背出来了。

4. 每节课预备铃响我就在窗外看，课代表上讲台领读。理科是课代表提问上节课知识点。等任课老师来了我才走。

5. 用两个月的时间教会每一个学生扫地、拖地、整理讲台、清理粉笔槽、擦窗户、套垃圾袋、系窗帘、摆放卫生工具等技巧。

6. 开学第一、第二个月我和每天的值日班长一起管理卫生，一日三扫。一轮下来积累了经验，第二轮卫生工作限制在 5 分钟内完成。98 分以上是优秀值日班长。

7. 每天放学微笑挥手说再见。关灯说再见。

8. 学生在教室里用餐，我每天去给他们添饭。学生边吃边看 15 分钟动画片。

享受一天里难得的休闲时光。

9. 每天中午 12 点进班级，看学生中自习直到任课老师进来讲课。

10. 和任课老师协调，确保一年四季每天学生都有 20 分钟午休时间。我每天和学生一起在教室里午休 20 分钟。

11. 我们大张旗鼓地表扬为班级服务的同学。

12. 体育课上当着学生的面和体育老师说好，如果纪律很好，教学任务完成，可以自由活动。我自己也去操场走走，和自由活动的他们说说话。

13. 每天早上批阅学生的"每日一记"，写得好的除了写评语还打五角星，还有可能被打印出来共赏。

14. 每天中午用 15 分钟写班主任日记，后面贴好双面胶，发给学生自己阅读后贴到《家校之桥》。

15. 有两个学生每天每节课下课来问我要帮什么忙。其他时间用来备课、批改作业和处理杂事。

16. 如果要做材料，就建一个只有我一个人的 QQ 群，抽空把各种需要的材料扔进这个群里，然后用周日下午的三四个小时一气呵成。

17. 叫外卖奖励学生，最省钱最有诱惑力的是山东水饺。一个个单独包装的，洒上醋，学生一个个来拿了吃，时间是傍晚放学前肚子最饿的时候。

18. 贴在门上带磁的星星分为绿色和红色。绿色星是满分星，比如作业全对、背书流利、默写全对。红色星是其他项目，比如为班级服务。到期末的时候就可以不费吹灰之力选出三好学生和其他奖项。显性的奖励更能激励人。

19. 观看《我们的精彩瞬间》，激发学生向上的内心能量。

20. 在学生容易出现浮躁的时间段陪伴。鼓励学生以教别人的方式巩固自己的学习，这样就浮躁不起来了，因为总有同学来问你题目怎么做。

21. 召开全体家长会、小型家长会。

22. 公开电子邮箱，学生可以向老师求助，可以发送作文。

23. 关闭前任班主任的家长 QQ 群，改用智慧云平台给家长发消息。关照家长每天睡觉前看一下手机信息。告知家长如果有急事的就打电话，不急发手机短信。这样确保我和家长的时间都不受干扰。

24. 沙龙成员每次单发给我的东西我都转到只有我一个人的 QQ 群，等每周二晚上 10 点我进行整理，然后周三开始沙龙。保持一个群策群力学习的状态。

25. 沙龙开始前我先洗头洗澡，吹干头发，沙龙进行时，我用温水泡脚、敷面膜，脖子上有按摩仪，等于一周进行一次全方位的身体舒缓。

26. 每天上午 11：10 左右吃好饭，就去操场遛一圈，我的班本植物教材就是利用这个时间拍的，直到 11：30 进班给学生添饭。

27. 第二个月继续抓良好习惯的养成，第三个月，依然坚持。直到半年后完全养成习惯。学生知道我这个老师很认真，很能坚持，也就学会了坚持。

28. 让师生关系有趣起来。

29. 天冷，心疼骑车上学的学生，给他们每人买一副手套。

30. 每节语文课前告知学生今天我的教学任务是哪些，顺利完成就给学生当堂做语文作业，请学生看看一节高效率的课是怎样的。每天训练，其他老师的课也这样。

31. 每天眼保健操后找两个学生谈话。采用三明治聊天方法：最近哪些做得挺好，还有什么不足，提出希望。有问题找老师帮忙哦。

32. 其他任课老师提到某学生有什么问题，就立即利用课间和学生交流。确保任课老师没有任何误解或者不满。

33. 好东西和任课老师分享。和我搭班的老师都有班碗、班筷、班杯以及各种美食分享。

34. 发有趣的奖品。

35. 每三天给学生看一次我拍下的他们专注学习时的照片，告诉学生"专注的你最美"。

36. 给学生和家长写信。

37. 做班本教材《校园植物》，每天放学放两张照片。做餐桌上的蔬菜系列，把美的种子种进学生心中。

38. 教室和走廊里装饰成田园风格。

39. 让学生到我这里来背语文。坚决不让他们去组长那里背诵。以此培养责任感，遇到难处不逃避。

40. 每天做操或者跑操，在操场为一个学生整理衣领。

班主任这样抓班级成绩，很有效

■ 一是建立良好的班风班纪，二是在能够较快速度提分的科目上下功夫。

假如你半路接班，这个班级总分、平均分年级倒数，各科都差，作为班主任，你想要把成绩抓上来，除了建立良好的班风班纪，还需要在能够较快速度提分的科目上下手。

语文 130 分，数学 130 分，英语 130 分，物理 100 分，化学 100 分，历史 50 分，道法 50 分，体育 50 分（注：这是苏州市的中考方案）。请问，假如挑选一个科目协助任课老师抓成绩，你选哪门？我选分数大的科目，比如语文、英语、数学。

语文主要抓那几个作文不写的，考个位数的，只要能够写作文，消灭个位数，平均分就会大提升。所以要"哄"着那几个学生写作文。考试的时候要去考场看看他们有没有睡着，有没有写作文。

英语怎么抓？两个办法：读和默。不管是英语早读还是语文早读，早晨 6：50—7：10，我们班雷打不动地读英语。课代表 6：50 上讲台，我也会在同一时间进班级协助课代表。怎么读？很讲究。记得滥竽充数的故事吗？齐宣王爱听齐奏，齐奏听着热闹，其实不乏南郭先生这样的滥竽充数者；齐湣王爱听独奏，南郭先生只好逃走了。

读英语也是如此。为了规避这样的行为，我的做法是：先让课代表领读两到三遍，然后我在教室里快速走动，我停在谁身边谁就大声带领同学读单词或者句子。读得好，我多站一会儿，这位同学也多带读一会儿，顺便我在这位同学的桌子上放一个带磁性的五角星。读得不好，我立刻走开，换下一位，不让这位同学尴尬，更是爱惜时间，继续让大家读下去。等下课了，得了五角星的同学就骄傲地把五角星贴到门上的磁板上，一周统计一次，一周奖励一次。坚持一年下来，学生们养成了大声朗读的习惯。为了能够得到赞赏，有的同学在晚上泡脚的时候就在家里朗读 10 分钟。晚上读得好不好，第二天早晨见分晓。单词会读了，句子会读了，读得大声又流畅，英语差不到哪里去。

英语常常要默写。平时不多管，偶尔逮到机会整一整，效果很好。比如问英语老师要那一沓批好的英语单词默写纸，做好统计，全对的，错了几个的，错得很多的，态度明显不端正瞎写的。进班级，表扬默得好的，言语激励啦，小零食奖励啊，都可以。那几个错得多的和态度不端正的，先去订正抄写，然后印出新的默写纸，重默一下，再让默得好的同学批一下。不用言语批评你，只要你抄写和重默，过关了再放你走。没有废话，只有行动。这样对全班就是一个警戒，传递出一个信息：班主任是要查英语默写的。我怎么知道今天有英语默写呢？课代表和我默契着呢，会在黑板上写：今天要默写英语，抓紧准备。抓英语成绩，真的是要长久地坚持，只要你一放松，三天打鱼两天晒网，基本没戏。这就是一场持久战，坚持到底才能胜利。

把数学分数变好看，有没有更快捷的提分方法呢？有，抓数学。有的老师要皱眉头了，哪有时间？自己数学都忘光了，难不成自己是语文老师还要给学生讲数学？不是这样的。我用的方法是每天一道"好好做"，具体实施方法上文已经详细介绍过了。

小分值的历史和道法是否帮着学生一起提高？当然要。每节课上课预备铃响，我立刻跑到教室里，协助课代表领读，一直读到老师进班级上课。可别小瞧这每次三五分钟，日积月累，不得了。每天温故知新，熟悉文本，自然成绩提升。这个也需要班主任长期坚持，每次预备铃的第一个音符响起，我就抛下手里的活计，立刻快速往班级走，学生也养成了习惯，预备铃音乐一停，马上开始朗读历史和道法的课文。

　　物理化学也是如此。总有那么多概念、公式是需要朗读背诵的，对不对？万事俱备，剩下的就是各种奖励。教室外专门做了一堵学霸墙，每个人有自己的学霸袋，默写满分的卷子啊，考试高分的卷子啊，伙伴的祝福啊，老师的励志话语啊，五角星啊，雨花石啊，破茧成蝶贴纸啊，小飞机模型啊，都可以放入自己的学霸袋。看谁到中考时里面满满当当的，这样脚下有底气，心里有成竹，进入考场就不慌啦。班主任这样抓各科成绩，是协助配合任课老师，真正起重大作用的是任课老师。

　　这些年，我做班主任最幸福的一件事情就是任课老师们总是对我鼎力支持，我的很多心血来潮的实验，都被任课老师们包容、支持，真是开心。

我这样收作业

■ 工欲善其事，必先利其器。

接手这个初二年级倒数第一名的班级时，作业能否收齐，是我很关注的一个问题。

开学第一个月，除了观察还是观察。在不了解情况的时候，我不会轻举妄动。比如撤掉原来的班长换一个我一见钟情的某个人，比如因为某方面看不顺眼就撤掉某个课代表或者小组长……这样的莽撞行为，我不能有。我可不想才接班一个月就给自己树敌，还是能团结的团结，能拉拢的拉拢，对不对？

说了6:50开始读英语的，组长和课代表一到班级就向组员们催讨着作业，又在6:50前交给课代表，报上没交作业的同学的名字；过一会儿那个没交作业的学生进班级了，交了作业给组长，组长又跑去课代表那里划去名字。

我看了一下，某个组长6:30就到班级里了，但是在6:50前那20分钟里，几乎就没有在自己位置上坐下来过，不是在收作业就是在交作业。

课代表呢？万一哪个组长来得晚了，还要亲自动手去那个小组一本一本收作业，不然就没法在6:50时开始自己的英语晨读。

我站在讲台前，看着人来人往，听着学生的名字被组长或者课代表念叨着，有点心烦。

但总算6:50的时候，教室里的人都在座位上了，开始读英语了。可没几分钟，那几个迟到的同学气喘吁吁地来了，提着书包，急急忙忙地掏出作业跑到组长位置上交，组长撇撇嘴指指课代表，意思是我们这组都交了，自己交给课代表吧。于是那几个同学又跑去课代表那里，课代表又撇撇嘴，手指着办公室方向，继续读英语。那几个同学就又噼里啪啦跑去各位任课老师的办公室了。

至于有没有哪一门功课没有交，天晓得。

任课老师那里作业有没有交齐，我这个班主任不得而知。若是任课老师细心的，批完了有个作业登记，那倒也能查出谁缺了少了；就怕粗线条的或者太信任课代表、组长工作能力的老师，根本不过问确切的缺交情况的，那么浑水摸鱼的学生就侥幸逃脱了一次，下一次胆子就更大了。

我观察了我自己的语文作业收交情况。语文课代表有两个，也算是挺认真负责的小姑娘，把一沓作业本放我办公桌上，上面贴着一个便笺纸，写着没有交作业的学生名单，于是我自己去找那几个学生催讨作业。但是当我全部批完，再到花名册上一个个打钩登记的时候，却每次都能发现除了名单上的那两三个人，总还有个别人，既没有收到他交的作业而缺交名单上也没有他的名字。我去问他要作业的时候，他才到书包里掏一阵拿给我，似乎完全不知道自己这个作业没有交似的。

像这样的情况，其他任课老师是不是也遇到过呢？

我肯定不会去责怪组长和课代表，你看他们如此忙碌，牺牲了自己的宝贵时间，来帮助老师收作业，若是责怪，怕以后再也没有人愿意帮我做事了。于是，我只能把他们找过来，先感谢一下他们的辛苦付出，再叮嘱几句"仔细点，不要有漏网之鱼啥的"，似乎也只能这样了对不对？

直到有一天，教三个班的物理老师在办公室里说："啥情况，18班的物理作业只有这么薄薄一沓呀，缺了至少十来本吧。17班的也不对呀，少了四五本。"我赶紧问了一句："那我们班的呢？交齐了没有？"

物理老师清点后说："你们班还算交得多的，还缺个两三本吧。"

我心里咯噔一下：看来，漏网之鱼每天都有，每门功课都有。我得行动了。

就这样观察了一个月后，我的收作业改革开始了。

工欲善其事，必先利其器。我购买了 10 个强力无痕挂钩，10 个 A4 木板夹，10 支固定签字笔，再打印一沓班级学生名单。

我这个改革，除了要让缺交作业的漏网之鱼无处可逃，更是为了节约组长和课代表的时间，达到高效，让一切井然有序。

我的教室后墙有一排柜子，我就一排挂了 10 个木板夹，每个上面夹了班级名单，每个木板夹下面放了固定签字笔。

随后，我在每个木板夹边上贴上了相应的语、数、英、物、史、政、生、地和其他。

这一操作，瞬间营造了一种陈胜吴广当年"鱼腹藏书""篝火狐鸣"，有大事要发生了的紧张氛围。

我可不想来个突然袭击，不然就是自己给自己找虱子抓。还是先给学生打个预防针比较好。

"学习委员明天早上一来就先把要交的作业用 1、2、3、4、5 在黑板上写出来。字写得大一点，靠中间一点，方便所有人能看到。从明天开始，每天都要写哦。其他同学呢，今天回去好好做作业哦。明天来了以后，先不要交作业，先把自己的作业按照黑板上学习委员写的次序准备好，放在桌子左上角。人就不要再走动了，看好自己的作业，别给谁拿去抄了。"

说这话的时候，有的学生笑眯眯的，看上去心知肚明的样子，似乎是在说：嗯嗯，我知道的，有的人来了就抄作业。也有的学生惴惴不安的样子，是不是担心自己没法抄作业了呢？

当天傍晚 40 分钟延时服务的时候，我说："前 25 分钟自己独立完成各科作业，尽量先做数学和物理。后面 15 分钟我会开放时间，允许你走下座位去请教同学你不会做的题目。我会一直在教室里，看看哪些小老师做得很好，哪些同学积极请教问题。"

我想你也猜到了，那天前 25 分钟的自习课那真是一个"静"啊，每个人都在奋笔疾书；那天后 15 分钟的开放时间，那真是一个你梦寐以求的良好学习氛围啊，有的迅速跑到自己信任的伙伴身边请教问题，有的一板一眼地讲题目，有的发现自己都会做，笃笃定定继续埋头做作业。

放学时，有一种感觉，那些刚才惴惴不安、愁眉苦脸的学生似乎眉头舒展开一些了，我心里知道：他们明天本来交不出来的作业现在做好一些了，明天能拿得出手了！

他们哪里知道，我这个班主任为了他们这几个真是用心良苦，为他们拼命想着活路。

教书这么多年，也许别的还不是那么心知肚明，但至少有一件事我是真明白了：有的人真的不是读书的料。也许他们干点别的会非常好，但读书这件事，还真的不是所有人都能同时开窍的。一个老师要是这件事情想不明白，非要把每个学生都教成中上等成绩，哈，那叫一个痛苦！

第二天早晨，我 6∶40 进了班级，看学习委员已经把 1、2、3、4、5 都写在黑板上了，学生们也都坐在自己位置上读英语，桌子左上角都有一沓作业，不由得赞了一句：不错不错。

到 6∶45，大概还有两三个人没有到班级，我站到讲台前，一声令下：

"每组第一位文科组长下去收语文作业，没有收到的不用说什么，直接到后面墙上的木板夹名单上用那个签字笔在语文名单上相应的名字上打钩。然后把作业交给语文课代表。"

哗啦啦，一下子，语文作业都收好了。我看到有组长到名单上打了一个钩，应该是还没有来的人的名字。

"每组第二位理科组长下去收数学作业，和刚才一样操作。"

以此类推，四五分钟后，该收的作业都收好了。

"请各科课代表带了便笺纸，到后面木板夹那里名单上去抄写一下没有交的人的名单，然后贴在你收到的那一沓作业本上，交到任课老师办公室。"

哗啦啦，又好了。课代表们欣喜若狂，终于不用那么费时费力又能准确无误了。

说话间，那两三个晚来的同学出现在门后，我示意英语课代表上台带领大家齐读英语，又示意那两三个晚来的同学到教室后面，我指指黑板上学习委员写的1、2、3、4、5，又指指他们的书包。

他们赶紧找出那些作业，交到我手里，我收到一本，就指指名单，示意他在刚才的钩钩上打个叉叉，意思是已经交掉了。作业都齐全的，我示意他自己去交到一个个任课老师那里，那里还有个名单需要自己划去名字。快去快回，迅速参与读英语。

有一个学生某一门功课没有完成，交不出来，我指指我的办公室，意思是去补吧，我那里有桌子凳子等着你。

随后我开始巡视教室，倾听学生们的英语朗读，直到英语老师进班级开始早读课。

我回到办公室，在那个补作业的学生身边站一会儿，问问有什么不会做的，我带他去任课老师那里请教，再回到那个桌子凳子上补做。如果一下子来不及完成，那就该上课上课，下了课再来补，直到补完为止。

我不多说你一句，给你倒杯水，给你桌子和凳子，舒舒服服写字，不会的请同学和老师教你。反正我就要收到你的作业，作业是一定要交的。

今天缺，今天补。明天再缺，明天再补。我有的是耐心，咱耗着呗，看谁耗得过谁？

过了一段日子，道法课代表在"每日一记"里写道："当我跑到老师办公室交作业的时候，当我把作业放在老师办公桌上，看到那一沓作业本上那张干干净净一个字也没有的便签纸时，长舒了一口气：道法作业终于全部收齐了。老师，你不知道，以前收道法作业，那叫一个苦啊。有的根本没做，就是不交，怎么求都收不到哇。"

我笑，孩子啊，我知道你苦，不想让你受苦，更不想耽误你的宝贵时间，我才想出来了这个法子呀。

你以为我就是想收作业啊，我是为了你开开心心当课代表啊。你一直为班级做着事情，我怎么能让老实人吃亏呢？

还有，那些漏网之鱼，我当然知道要你读书你心里苦，可咱也不能总是做个老赖皮对不对？

作业嘛，还是要交的。

科任联盟，协力带班

■ 一个班级靠一个班主任单打独斗万万不行。

我刚走上教育工作岗位时，就做班主任，一切凭着感觉走，手里的法宝只有一个："该严格的时候严格，该和善的时候和善。"这还是在和老教师们交谈的过程中自己慢慢总结出来的。有了这个法宝，我这个班主任似乎有了单打独斗的本领。

很快地，我发现了问题。教某门功课的老师是个老教师，带着两个班级的课，似乎精力不够，于是在自己做班主任的那个班级，课上得很用心，在我这个班级，除了上课之外几乎没有其他动静，两个班级成绩差距很大。请他在自习课上去讲讲题目，他一口便回绝了我："你们班级我只要及格率完成 60% 就可以了。"

祸不单行，另一门功课的老师怀孕了，请假保胎，加上产假，一请就是一年，学校里没有多余的老师，只好请其他班级的老师每人来带一个星期，学生的成绩一落千丈。

还有一门功课的老师担任学校行政领导职务，可能是看我这个新手班主任做事有点心痒痒，所以时常对我指一点二，似乎不听还不行。

我很苦恼，深刻感受到一个班级靠一个班主任单打独斗万万不行。

唯有一个任课老师，给了我极大的帮助和启发。他底气十足地对我说："我的课，你不用担心，学生的问题不到万不得已，我不会来劳烦你这个班主任。我若是事事来向你告状，你心烦不说，学生也会觉得我这个人面目可恶。"他果真从不来劳烦我，班级每次考试都是妥妥的前三名。

有时，他在我办公室里聊天，有学生进来，他会向我使个眼色，然后对我表扬这个学生的某个优点，说这个学生上他的课咋样咋样，我便默契地配合道："真的啊？真好啊！"

唱双簧的感觉真好，科任之间结成联盟真好，这是我当时很愉悦的感受。

工作时间长了，便想着如何才能更好地结成科任联盟。这到底是老天赏你的，还是后天可以形成的？这是我想得特别多的一个问题。

◆ **用自己的眼睛去观察科任老师。**

我时常半路接班，接班没几天，便会有人来告诉我这个班级的学生咋样咋样，这个班级的老师咋样咋样。这些"咋样"大多带有贬义，若是听信一面之词，还真会影响我的情绪，让我陷入颓废之中。

人真是很奇怪的动物，若是真把别人的贬义之词听进去了，还真是会越看越不顺眼。比如有人告诉我某某老师不太认真的，那么一旦我听见这个老师让学生们交换批改，我就想真是的，怎么就不自己批改呢？

但是如果有人告诉我这个老师很重视学生自学能力培养的，那么我听到这个老师让学生交换批改，我可能就会想果然真是这样的。

想明白了这一点，我便提醒自己，要用自己的眼睛去观察科任老师。

A老师脾气很暴躁，动不动就要发火，一发火整栋楼都听得到她尖厉的声音，似乎是个问题。可是仔细观察后发现A老师再发怒也从不用讽刺语气，而是就事论事，追究细节，有理有据，层层剥笋，直到学生心服口服。A老师不发火的时候像个孩子，爱吃零食，爱撒娇。

B老师喜欢拖课，常常是下节课老师要进班了，B老师还没有出班，原因是B老师刚上课的时候喜欢说点儿玩笑话调节一下气氛，然后就来不及完成教学计划了，只能拖课。可是仔细观察后发现 B 老师讲课中气十足，身体再不好也只是不上课的时候在桌子上趴着，一到上课就精气神十足。

……

这样的观察，客观全面，不以偏概全，不带半点情绪。为工作中充分信任自己的科任老师做了最好的铺垫。

◆ 用最诚挚的心意去体贴科任老师。

班主任称得上一个大家庭的家长。营建亲人关系，需要高情商。

科任老师因为学生问题生气发怒，来向我这个班主任告状。我第一处理的一定不是事情，而是科任老师的情绪。请科任老师坐下喝茶，或是离开办公室，走一走，散一散怒气；科任老师因为家里有事需要换课，来和我商量，我都是第一时间赶快答应，尽力调换，哪怕自己的课被打乱了节奏或是变成一口气连上三节课累得心慌；科任老师要上临近吃饭的最后一节课，今天餐厅有她喜欢的菜，但是等她下课了可能就没有了，我就悄悄替她打好饭菜放在她的办公桌上，这样她一下课就可以吃上饭；科任老师身体不好，咳嗽严重，我悄悄订购了川贝枇杷膏放在科任老师桌上，小小的心意让科任老师暖在心里；假期约上科任老师们聚餐一次，简简单单的家常便饭，吃的是一种相聚的快乐；一起去乡镇走走看看，草地上合个影，拍的是一起放松的惬意；在我外出旅行时不忘记给科任老师带上一点小小纪念品，不值钱，值钱的是想着大家的心意；要过年了，拍个科任老师合影，做成日历，做个永久的纪念……

日久见人心，人心怎会隔肚皮？

◆ 用最恰当的挖掘方式去构建科任联盟。

C 老师时常在办公室里说自己如何做出各种美味佳肴，听起来碗是碗，勺是勺，一定不是虚张。又说自己对各大菜场如何了如指掌，讨价还价何等爽快麻利。我听在耳朵里，记在心里。等念头成熟时就和他商量，我要在学校里搞一次包馄饨活动，本人鸭手鸡脚，呆头笨脑，恳请大将出马。这般诚恳，这般示弱，C 老师自然一口应允。看他买菜剁肉配汤，小女子我就待在一旁，虚心求教再配上"你真棒"的夸奖，一场复杂的大活动被他熨斗一烫四角平平，怎一个好字了得？

D 老师常在 QQ 里晒照片，仔细一看都是校园里一年四季的植物模样。等她来任教我班级的生物课，她教完了学生我就做她的学生，我也来拍一张植物照片，虚心向她请教植物的名字和习性，次数多了自然就成了"植友"。她一肚子的植物知识我怎肯放过？不如一起编写一本校园植物班本课程，你管植物我管植物美文，你拍植物我拍学生加植物。一年的风花雪月，一年的春夏秋冬，一年的寒来暑往，一年的开花掉叶。《四季葛江静待花开》，诉说的是草长莺飞，诉说的是人的成长，诉说的是王洁和于洁的"洁洁联盟"。

E 老师教地理，话不多，在路上碰见就是笑着点点头。有一次我搞不定一个电脑上的问题，在学校 QQ 工作群里求助，想不到 E 老师三下五除二就解决了我的问题。问她怎么这么能干，她回答自己挺喜欢研究一些东西，不懂就去多琢磨琢磨，心里惊叹她真是与时俱进。有一次走过班级，听见她在上地理课，真是专业又敬业。于是斗胆在 QQ 上约她到操场一走，有要事相商。她如约而来，我直言自己的一个突发奇想："我要和你一起编一本《养只青蛙沿着长江黄河去旅行》，你可愿意花费心思和时间干一场？"这真是一拍即合的历史性一刻。整整一个寒假，我构建了体系，她研究了各种电脑排版。过年时还收到她在 QQ 上发来的信息说眼睛酸疼，歇一天就再继续干下去。2018 年的那个寒假，毕可利与于洁的"毕于联盟"成立。

我欣赏这样的科任老师，他们"怀才"，也乐意"显才"，他们和我之间的默契，来自对我这个班主任的巨大信任，更来自对教育的情怀。

我喜欢说:F 老师，你真厉害，那么调皮的某某被你一捧一吓弄得服服帖帖；我喜欢说:G 老师，我真佩服你，基础那么差的某某你都能教得他考及格；我喜欢说:H 老师，谢谢你，要不是你及时观察到某某的苗头性问题，后果可能会不堪设想；我喜欢说:I 老师，你和我一配合，某某就把我们说的话真的听进去了，有进步了……

　　教书这么多年，我深切体会过欣赏学生会带来无穷改变，而科任联盟让我更深刻地体会到一个巨大的工程里，是多么需要一个班主任细致的观察、诚挚的心意、恰当的挖掘。唯有如此，才能构建出独特的风景。

每天图配文，带出美好班集体

■ 每天图配文，让自己的教育生活每天有点滴的收获。

每当刚走上班主任工作岗位的"小菜鸟"慌张地站在我面前："师父，我不会带班，怎么办呀？慌死了！师父快救我！"

我的回答总是一句话："别怕，带上你的手机，到了班级别说话，拍一张有点正能量的学生行为照片给我，加 10 个字左右的说明。"

我给徒弟看了我的示范，我告诉徒弟，这样的图配文至少保证每天一张，要是时间允许，多多益善。重点技巧是：一段时间后，整理一下，尽量能够拍到班级每个学生。

拍照的时候越快越好，一定不要让学生觉得不自然，一定用最快的方式抓拍，这样拍出来的照片才真实又自然。当然，一定不要忘记，开美颜相机，把学生最美的样子呈现出来。

您看明白了吗？其实最大的机关是：拍学生美好的样子！

等你手里有了两三张照片后，就利用中午或者放学前的片刻空闲，让学生们都聚坐到教室中间，你打开电脑，放你拍的照片，一定全屏播放哦！让人像大大的，那么清晰，那么美好！然后你对照片点评赞美，比如可以这样说：

"大家看，兴语同学在认真专注的时候，气质多好呀！感觉她身边的空气都是安静的。人在专注做一件事情的时候，是最美的，最有气质！我想多拍到一些这样的美好样子。将来我们做班级成长纪念册的时候，照片都会放进去的。大家放心，我开了美颜相机的哦，一定把大家最美的样子放进去。"

大家发现了吗？这其实是对学生的一种正面暗示、积极暗示。暗示全班同学：当没有老师管理的时候，你可以慎独，可以自律，可以自我提升。这是被大家欣赏的一种行为。

这样的表达方式，是不是比你在教室里怒吼"我不在教室里你们就吵吵闹闹，就这样放肆！"要好很多。表达的是同样的意思，但是是以一种被学生好奇、惊讶、喜欢的方式。

同样地，悄悄捡起地上的纸屑、动作到位的做操样子、一丝不苟扫地的样子、给学生讲解题目的样子、整理课桌的样子、认真跟着课代表朗读的样子、专心听课的样子……都要成为你的照片，都要变成你播放给学生们看的瞬间。

细节决定成败，每天图配文，是一个老师的细节坚持，点点滴滴，把班级的美好瞬间定格。让自己每天看到每个学生美好的一面，让自己不戴着有色眼镜单一地观察学生、判断学生，让自己的教育生活每天有点滴的收获。

我的小徒弟孙洋老师就这样跟着我操作了，我要求她每天图配文，一周集中在一个文档上发给我看一下。一起来看看她第一次交给我的图配文吧。

"自习课上的抓拍，果然认真的孩子最迷人。"

我看了笑，这姑娘还真是依样画葫芦，我给她看啥，她就拍啥。

不着急，我说："明天再拍点别的哦。"

您看，这姑娘有灵气，她迅速开始了拓展行为：不仅仅拍学生了，还拍自己的教育行为。

这就对了，教育就是一种双向行为。记录学生美好，提升教师能力。

很快，她迷上了这种图配文的教育方式，她发给我的文档中照片内容越来越充实，记录了学生点点滴滴的细节，而她所配的文字，渐渐出现了"哈哈"这样的得意心情。

很快，孙洋老师的班主任生涯渐渐有 3 个月了，有一天，她神神秘秘地告诉我："师父，我做了手账。"

我一看，哇，她利用手机上的手账功能，把三个月来拍的照片一一排版，做成了精美的电子成长纪念册，发到了家长群里，学生和家长一片欢腾。三个月来的点点滴滴，就被这样一个自己还没有成家、没有孩子的年轻老师用一颗慈母记录幼儿的细腻之心，细心记录下来了，让人惊叹又感佩。连我都觉得眼睛湿润了呢。

我在她的图配文中观察到了她的班级状况：上课、自习、做操、活动、卫生……

在每天的图配文欣赏中，学生们内心的向上之情被很好地激发了出来。

其实，在班主任工作中，最重要的品质是坚持做好小事，细节决定成败。一个老师能够坚持每天拍下学生美好的样子并且放给学生看，本身就是一种很好的榜样作用，引领学生学会用善意看待生活，发现生活中的美好。这样的图配文会让师生关系变得非常美好。

那么有些不太好的行为，也可以悄悄拍下来，悄悄给相关学生看，然后当着学生的面删除，鼓励学生改变自己的不良行为，争取下次美好行为中有他的身影。

孙洋老师可能不知道，其实，我这个师父呀，是变着法子让她不得不经常走进班级，经常陪伴学生，唯有如此，她才能观察学生、发现学生。一群徒弟在一个群里，每次到了周末就上传图配文，这样团队同行，互相促进，也能够战胜人性中的惰性。

同时，我也希望徒弟在每天每月的看上去单一、枯燥、烦琐的班主任工作中能够感受到点滴乐趣，而这些乐趣汇聚起来是可以成为工作的动力的。这就叫作：热爱可抵岁月漫长。

班级管理和学科教学可以齐头并进

■ 探索出自己的节奏，班级管理和学科教学就可以齐头并进。

常有人问我："你教初三两个班级的语文，光是默写、批改作业和作文，就搞死人，你哪来那么多时间花心思搞班级管理？还有时间写书，吃喝玩乐一点都不落下！"

学科教学、班级管理、家庭生活、个人爱好，四个主题词，像不像交响乐中的打击乐器（比如锣）、管乐器（比如笛子）、弦乐器（比如小提琴）、色彩乐器（比如竖琴）？

交响乐讲究轻重缓急，班级管理和学科教学的关系同样如此。

找到快与慢的平衡点，探索出自己的节奏，班级管理和学科教学就可以齐头并进。

1. 在快节奏中完成学科教学

我每天早晨 6:40 进班级看学生读英语，等 6:50 学生基本来齐了，每组最后一个学生收语文作业和"每日一记"（这是每个学生和我聊天的隐私本，非常有利于班级管理），这样可以确保我马上了解我教的两个班级谁的语文作业是没有做的，那就让其立刻到我办公室去补作业。学生们一旦知道我有这样的收作业习惯，就极少有不做语文作业的了。等到英语老师进班级开始英语早读，我就带着学生们的语文作业和"每日一记"回办公室。

这个时候办公室是最安静的，有早读的老师都在教室里，没有早读的老师还没有来，我立即开始埋头批改语文作业。

初三的作业基本是以试卷为主，为了提高批改速度，我采用流水方式，批完这个半面，再批另外半面。批改时，我习惯在得分点上打钩，这样讲评试卷的时候学生可以一目了然；也习惯把学生有错的地方圈起来，方便学生一眼就知道自己的错误在这个位置；更习惯把学生没有看出来的题目要求画出来，让学生马上就可以知道自己这道题是审题错误了。这样的圈点勾画，帮助我自己增长记忆，在讲评时有的放矢。

假如批改专注，基本一个小时可以批完两个班级的语文作业。其实，我布置的语文作业真的不多，一份八页的试卷，我通常切分为基础知识、古诗古文阅读、现代文大阅读三部分三次完成。这样既是对学生的体谅，不至于让学生疲于应付草草了事，也有利于他们提高作业质量，让我减少批改量。

有一些老师作业布置得很多，学生做得一塌糊涂，自己批改又累又生气。我总是把一些我觉得非常好的题目在课堂上当堂完成，利用课间快速批改。我才舍不得糟蹋那些好题目呢。学生带回家做，要么搜来的答案，要么胡做敷衍，要么抄别人的答案。所以我布置的带回家做的题目一般机械类、记忆类的较多。

再比如默写类的批改，比如要一次性默写60个词语，我总是提前把默写卷发给学生，让他们先自己准备起来，以免默得一塌糊涂。在课堂上默写时，我也会先默写20个，然后学生交换默写卷，我手里也拿一张学生的默写卷，嘴里说着这个字什么偏旁，手里批改打钩，学生们跟着我的节奏同步批改；然后再默20个再一起批改……这样默写的正确率比较高，因为是复习、默写、批改、订正四个步骤，也更能帮助学生记忆。有些重要的默写会反复多次，直到最后一次才由我亲自批改，这个时候正确率相当高，批起来已经非常省力。学生都知道我的习惯，在我这里，默写结果只有两种：满分和非满分。所以他们对自己的要求也就会高起来。这样也帮助我节约了很多时间，也能保持良好的心情。

课堂上更是快节奏。从预备铃响前课代表通知学生桌子上需要准备好哪些物品，到预备铃响后课代表的领读古诗文，到正式铃响后立刻开始上课，一直到下课，分分秒秒我都格外珍惜。我虽是班主任，但绝对不会用语文课来当班会课。我会明确告知学生这堂课我要完成哪些任务，如果教学任务完成后，时间还有多的，那就用来完成语文作业，甚至还可以和伙伴讨论数学题目，这样学生回家就可以省力很多。这样的惜时如金，成为每个学生皆知的习惯，整个课堂井然有序，极少有学生走神。如果我发现某个学生走神了，我会立即停止讲课，用鸦雀无声的氛围和学生们齐齐转过去提醒的眼神唤醒走神人的注意力。

也因为有这样团结紧张、严肃活泼的课堂，使我的教学任务可以按时完成，使学生的语文学习比较轻松流畅，考出来的分数也比较好看。

那么备课呢？作为老教师，文本的解读是比较熟悉的了，而文本与试题的结合则是值得探究的重点。我们老师拿到一些试卷的同时都会收到答案，我的习惯是迅速浏览题目，快速把答案抄到试卷上去，这个抄答案的过程，其实是很好的一次备课，帮助自己了解得分点，在讲解试卷的时候以及在授新课的教学中，都可以得心应手拿来为我所用。因此我备课的很重要一部分内容就是搜索相关试卷，快速抄一下答案，做到自己心中有数，又能节约时间。

教学工作的效率要高，上班努力不够，下班时间来凑？只是看起来很努力，感动了自己而已。

这个快节奏的过程，有三大技巧：

（1）每天提前十五分钟到学校。这样首先不至于堵车，其次在安静的环境里更容易提高效率，而第三个好处则在班级管理上会得到体现，后文我会提到。

（2）备课和批改时要断舍离。断啥、舍啥、离啥？手机和电脑呗。有人说不行的，学校的各种通知就看不到了。我们办公室的同事互相说好了，看到啥信息一定互相提醒，口口相传。这样就不用担心啦。就怕你批批作业、看看手机、备备课、聊聊天，看上去一刻不停，其实松松垮垮，被手机掌控了时间和人生。QQ、微信上那些可有可无的信息让人心神不宁。我给自己的规定就是早晨我批改作业没有完成前不开电脑。晚上备课时手机调成静音放入抽屉。在固定的时间固定做一件事，容易养成习惯。

（3）让学生能明晰你的习惯。比如收作业，有的班级拖拖拉拉，先交了一半，又陆陆续续交来了几本，这样老师批改起来无法一气呵成，而且还要花时间统计有谁没有交作业。比如课堂准备工作，课代表培训给力后，基本上一进班级就可以立刻开始教学，不浪费一分一秒。上课效率高，教学任务完成后多出来的时间奖励给学生做回家作业，学生是非常欢迎的。比如默写，学生知道了你的高标准严要求，就会在复习上更加认真，而满分更是让他们很有成就感，更能提高他们的学习兴趣。老师有专注做事的习惯，学生也都看在眼里，会模仿会学习老师，而一旦专注做事，并有一定的成就感，就能达到"心流"的状态。

2. 在慢节奏中进行班级管理

慢节奏也是有节奏的。班级管理是一项慢的艺术。我的慢体现在"踩住点，迈开腿；管住嘴，能坚持"。班级管理是一场马拉松，别奢望李逵三板斧就可以搞定。

（1）踩住点，迈开腿。前文我提到每天提早十五分钟上班，对于班级管理是有很大的好处的。一日之计在于晨，班主任早早进班，除了可以杜绝学生大清早到班级抄作业的行为，也能发现那些比较自觉在晨读的学生，用手机悄悄拍下他们专注的样子，等到放学时在电脑上放出来，作为赞赏，也是一种暗示和提醒，这样第二天会有更多学生加入自觉晨读行列。工作33年来，每天上午6∶45之前进班级，是我的习惯。除了看晨读，也能趁机把班级薄弱科目利用这个碎片时间抓一抓，有个别学生需要师生私聊一下，也可以利用这个时间点。班级卫生情况也能观察到，发现问题立刻让当天值日班长解决。

每节课预备铃一响，我就立即从座位上站起来，往教室里走。没错，每节课都是如此。学生们知道我这个习惯，更知道我的一个规定："预备铃音乐的最后一个音符停止，教室里必须安静无声，课代表立即开始领读，巡视员立即开始巡视。"而我肯定已经在窗外或者教室门口听大家的朗读了，一直到任课老师进班级我才离开。这是我对学生学习习惯的"时时抓"，是对课代表工作的无声有力的支持，是为任课老师创造好心情，也是对我自己身体的一个很好的锻炼，让我从批改作业和备课状态中每隔45分钟就得到一个休息，这就是我给自己定的"番茄钟"工作法。早晨和下午的眼保健操时间，我也会观察当天的值日班长是否在进行二次、三次班级卫生整理工作。

每天傍晚最后一节课快结束的前五分钟，我会准时在教室走廊里守候，等任课老师走出教室后，我就进班和学生完成放学小仪式：师生之间微笑挥手说再见。等学生走空，我就和当天的值日班长一起打扫教室。这样一天清早、上午眼保健操、下午眼保健操、傍晚放学的四次卫生打扫，确保班级总是处于干净状态，卫生流动红旗就能常驻班级，学生们生活在一个窗明几净的环境里，心情也是舒畅的。

（2）管住嘴，能坚持。其实很多老师感觉教学工作和班级管理顾此失彼、应接不暇的很大一个原因就是没有管住嘴巴，动不动就训斥学生，一训斥就好几十分钟，如果学生倔强不服气，则会引发更大的师生矛盾，占用老师更多的时间，导致作业没批完，备课没备好，心情很不好。

我喜欢多看多写。看是为了更加了解情况，不轻易下结论，不轻易张嘴批评学生；写是为了让自己情绪平稳、思路清晰地和学生沟通交流，保持平等与尊重，有利于解决问题。更不会因为个别学生的问题惊动其他学生，浪费他们的时间。

我给自己的规定是：随时表扬，偶尔批评，常常观察，但也有一些老师是反过来的：随时批评，难得表扬，很少观察。

青春期的少年最讨厌唠唠叨叨，就算知道自己是错的，也不要你啰里啰唆讲道理，他们自己心里是知道错的，但就是死要面子犟到底。所以"每日一记"的师生书面沟通是静悄悄解决问题，给学生一个情绪宣泄的地方，一个心事倾诉的地方，一个接受老师心理疏导的地方。我虽然每天必须用一个小时来阅读和留言，但是这一个小时解决了很多负面情绪和隐患，使班级呈现出团结向上、温馨有爱的氛围，一切防患于未然，反而比经常要处理突发事件省心省力省时间。常常补小洞，肯定比突然补大洞要好。

最重要的是能坚持。比如这个"每日一记"，学生是看老师的，老师坚持他们就坚持，老师敷衍他们就敷衍。无论多忙，我总会写下"于老师日记"或者"每日一记精选"，打印后下发给学生。就算我出差，我也会利用碎片时间写好传给同事帮助打印下发学生，甚至在我父亲中风住院时间，我依然没有缺席一次"于老师日记"。学生们看到一个有坚持精神的我，也就一路坚持每天写日记，我们初三毕业的成长纪念册中大量的文字就是每天的"每日一记"精选。

这么多年来，我从来没有感觉班级管理和学科教学是对立的，总觉得是统一的，只是节奏不同而已。有时候，学科教学的效率高，才有可支配的时间省出来更好地进行班级管理；而班级管理到位，又很好地辅助了学科教学。快是为了慢，慢是为了更快。

大弦嘈嘈如急雨，小弦切切如私语，嘈嘈切切错杂弹，大珠小珠落玉盘。学科教学与班级管理，如同一首交响乐，轻重缓急，抑扬顿挫。这其实也是一种人生的节奏，在快慢之间巧妙切换，便有了美感和诗意。

保护学生身心健康的方法

■ 关注学生身心健康，应该如春日阳光一样，照射在学生的学习生活中。

我知道，很多人一看这个标题，心里就会想：说说罢了，都说要把学生身心健康放在第一位的，其实现实中都在狠抓成绩。再说了，就那么点儿时间，都排满了课，连找学生谈谈心的时间都没有，怎么把身心健康放在首位呀？

的确，现实情况就是从早到晚排满了课，甚至有的地方竟然还把班会课瓜分，把班主任的主阵地占领，让班主任们想要集中全班学生说点什么都没有时间。

虽然国家一直要求把立德树人放在第一位，但分数就是硬道理，这个理念在很多地方根深蒂固，导致一线班主任在进行品德教育时没有主阵地，没有时间，身不由己。

老师们也越来越不敢批评学生，很主要的原因是老师们清晰地看到学生中有抑郁症和空心病症状的越来越多，学生们像少见阳光的豆芽菜一样，经不起学业的负担，更经不起家长和老师的批评。

我是一个初中班主任，教两个班级的语文，这个学期是初三，每个班级的人数是 50 人以上。我的学生生源也很特殊，全部是外来务工人员子弟，没有昆山本地的学生。大量的学生回家后父母是不在家里的，有的要工作到深夜回来，有的是在外地打工。家长和孩子见面的时间极少极短。很多学生傍晚回家后是点个外卖或者自己下个面条吃，好几个学生早晨不吃早饭就来上学了。学生连吃到父母做的饭菜都很难得，父母的陪伴对他们来说更是一种奢侈，学生们的身心健康更加令人担忧。

面对这样的现实情况，除了哀叹关注学生身心健康的时间太少，家校联系难度太大外，我还能做点什么呢？

首先是理念的转变。过去大家都觉得关注学生身心健康，是必须利用班会课和学生好好聊一聊的，是必须把学生喊到身边好好谈一谈的，是必须和家长面对面说一说的。有时候，甚至形式大于内容。过去大家觉得关注学生身心健康和关注学生学业成绩是两个板块的东西，甚至有人感觉是对立的两个东西。这样的理念需要改变。就像过去很多人觉得"立德树人"和"狠抓成绩"是两个板块，是互相对立的一样。事实上，德育渗透在学科教学中，德育如水一样，穿行在学生每天的生活中。那么，关注学生身心健康，也应该是如春日阳光一样，照射在学生的学习生活中，投射到阴暗灰色的心灵里。

理念一旦改变，措施就会和以往不一样了。

说说我的一些做法，供大家参考，我相信很多老师有更妙的绝招，我姑且抛砖引玉。

◆ **让每个学生都能吃上早饭。**

清晨进班，一定有学生匆匆忙忙没有吃早饭的，我和学生约好，当我喊一声"谁今天来不及吃早饭饿着肚子呀"，一定不要隐瞒，一定马上到我的办公桌上去拿我准备好的牛奶和饼干。这不需要难为情，因为我知道大家不是为了省点钱或贪吃于老师的东西，谁都有匆忙尴尬的时候。

开家长会的时候，我更是每次强调家长一定想方设法给孩子准备好早餐，就算你在外地工作，孩子一个人在家里，你也可以利用美团外卖，每天早晨六点钟把早饭送到孩子手里。我反复告诉家长，你口口声声地说爱孩子，是需要外在形式呈现的，否则孩子看不到，更感受不到。一个家庭，一日三餐的温暖情谊，是父母对孩子的爱最基本也是最好的表达。

为什么这么强调吃早饭？因为不吃早饭的害处太大了，学生早读结束后还要长跑，一个早晨需要充沛的体力去迎接四节课的挑战。"不吃早饭非但不能减肥，反而还会发胖！"光是从网络上搜出来、从医生嘴里说出来的这一句话就立刻让全班同学对于吃早饭的重要性取得了共识。于是我的办公桌上就一直准备好了牛奶和饼干，随时应对万一有人来不及吃早饭的状况。

身教更甚于言传。我自己每次都把早饭带到办公室里，认认真真地吃，也常常帮办公室同事带早饭，学生们看见了，就更明白老师对早饭的重视程度了。

这个学期开学第一天，是周一，我们迎接新学期的方式就是我请学生们一起在教室里吃了一次早餐，每人一根热乎乎的油条，一袋热乎乎的甜豆浆。能量满满，开启了一天的学习。这样的做法，带给每个学生好心情，迅速涤荡了开学综合征，比一切唠叨都管用。

◆ **提醒学生做好眼保健操。**

学生做眼保健操的时候，我从不缺席。去班级看一看，提醒学生认真做，有些话我常常说："眼睛要用一辈子呢，好好爱护它。""近视眼很苦的，下雨天眼前一片迷茫。""眼镜戴得时间长了，眼球突出，漂亮的眼睛变得难看了。""假如你做眼保健操动作不到位，那么闭一会儿眼睛也是好的，让它休息一会儿再为你服务吧。"

◆ **让学生开心地享受午餐。**

中午在教室里吃饭的时候，我早早到位。先打开教室的电脑，开始播放。有时是好听的歌，比如《真心英雄》《隐形的翅膀》《乡恋》，有时是《动物世界》，有时是搞笑瞬间，比如《两条鱼吵架的样子》，后来就开始播放《喜羊羊与灰太狼》，主题歌一唱，所有人都笑眯眯的，很放松，一集20分钟，陪伴着学生们的中饭，连送餐的食堂阿姨都站在窗口看得津津有味的。我发现颜色明亮的动画片，是初中生的最爱，情节简单，内容正常，也很幽默，真是佐餐绝配。

这是学生们很喜爱的 20 分钟，他们能够感受到一个老师对他们的善意，感受到一个成年人对未成年人的理解和尊重。这也是心情很放松的一刻，哪怕这一天的饭菜不是很合胃口，也不会影响进餐的心情。他们吃吃、看看，一起欢笑，一起议论。这个 20 分钟，是承上启下的一个过渡，从上午的四节课，过渡到下午的四节课。有了喜羊羊、美羊羊、灰太狼的陪伴，在紧张的学业之余，多了一丝轻松与幽默。一张一弛，为学之道。这对于未成年人的身心健康，极为有利。

◆ 为学生争取午休时间。

苏南地区的学校，绝大部分到了十月以后，就没有午休了，中午一个小时基本是午自习，安排老师进班级讲讲题目，让学生做做课堂作业。一个小时基本由两位老师承包，每人半个小时。这一个小时过后，学生们又开启了一下午的上课时光。

作为班主任，我观察了学生们下午的课堂效率。效率较低，常有学生忍不住打瞌睡。我和任课老师们商量，在学校的规定中，开始我们班级的微调整。本来每个老师半个小时进班辅导，改成每人 20 分钟，这样节约出来 20 分钟，让学生趴在桌子上打个小盹，由我陪伴。我的建议得到了任课老师的支持。

我给每个学生买了一个小软枕，放在桌子上，趴着午睡可以舒服一些。午休结束后还可以放在凳子上当坐垫或者靠背用。午休时关灯、关门、关窗、拉窗帘，安静无声。我也坐在教室里一起闭着眼睛休息。就这样，当我 12：40 出现在教室门口时，任课老师立即停止讲课，走出教室。我一进去，教室就开启午休模式。

当 13：00 铃声响起，开灯、开窗、开门、拉开窗帘，所有学生都必须离开教室，去洗手间，去喝水，去走廊和同学聊聊天，伸伸懒腰，呼吸新鲜空气，把萎靡的精神振作起来，五分钟后再回到教室准备上课。

老师们反映，下午的课堂效率明显提高，很少再有学生上课打瞌睡，学生的精神面貌非常好。

这个学期，所有班级全部采用了我们班级的午休模式，一年四季，只要在校上课，中午都让学生们这样休息一下。虽然只有 20 分钟，但是对于学生身心健康的调整非常有效。

◆ **和学生心与心地沟通。**

我尽量不占用学生的课间休息时间和学生谈心，那么谈心的时间从哪儿来呢？我把嘴谈改为笔谈了。

我自己设计了《师生沟通之桥》，在网上印刷，每个学生一本，左边是"于老师日记"，右边是"今天作业记录"和"每日一记"。"于老师日记"内容宽泛，有时是记录班级情况，对当天的一些人和事进行点评，基本是以赞扬形式呈现，描述细节，点赞品格；有时是摘录"每日一记"中不涉及隐私的一些精彩内容，激励学生认真、真诚、细腻地写好"每日一记"。我告诉学生们，少年人必须要有自己的思想，"每日一记"就是我们师生之间的交流，是朋友一样的交流。所以我在阅读和点评学生的"每日一记"时，一定不是居高临下、盛气凌人的，而是平等尊重的口语式交流，是一个朋友对朋友的欣赏、建议、诤言。

刚开始的时候，学生们不知道写什么好，有点泛泛而谈，也有点小心谨慎放不开，但是等我把个别写得很真实、很细腻、很搞笑的文字做成精选给大家看的时候，学生们就撒开笔放开写了。他们的文字都得到了我真诚的肯定与欣赏，他们的心事都得到了我贴心的抚慰，他们的困难也被我小心地、悄悄地解决了。这样的师生交流，真正实现了一个也不少，每个都关注到，彼此捧出一颗心来，无声无息中，抚慰了学生们的心灵。

随风潜入夜，润物细无声，这是一种美好的教育方式，比厉声怒吼更容易被学生接受。其实对于中学生而言，很多事情的对错他们自己也是清楚的，只是在叛逆期的时候，他们很容易明知山有虎偏向虎山行，不撞南墙不回头，撞了南墙也不回头。如果一个老师成为一个倾听者，一个朋友，学生的负面情绪就得到了很大的安慰和转移。

在我写这篇文章的时候，有一位福建的三十多岁的女教师在 QQ 上发给我一大段苦恼的话。她说自己越来越没有教育情怀了，感觉每次家长一告老师、家长一闹，教育局就会火速处理老师，她说自己每天战战兢兢不敢管学生，只求自保。

我的回答是：你这样对我发发牢骚，也好，但是发完牢骚后人要振作起来。这个世界从来没有那么多的公平和美好，各行各业都是如此。人不能因为看到某个让自己觉得不舒服的事情就萎靡不振。这种做法容易让自己陷入抑郁症。我听了你的牢骚也是立即删除，调整我的心情，不让自己跟着你沉沦。到此为止，好吗？我们都开心一些，一辈子就这么长，不要让自己一直苦着脸、拉长着脸。

她立即醒悟了过来，诚恳地感谢了我，停止了牢骚。成年人尚且容易为了某件事让自己陷入某种情绪无法自拔，未成年人更是如此。我们觉得小事一桩，在他们那里也许比天还大。他们需要一个倾听者，一个陪伴者，或静静倾听，或默默点头，或耐心开导，或当头棒喝。这些本该家长做的事情，因为种种原因，家长没有做到，孩子极少与家长交流了。如果老师没有及时出现，就很容易出现各种问题。

◆ **创造各种机会让学生放松心情。**

班会课也被我改装成可以随时随地上一上的微班会。晨跑后从跑道到草地中央，师生针对班级中的某件事一起聊一聊；体育课后我们一起到红叶李树下欣赏一下风景；清明节一起约个三小时的集体远足……

当天的事情不隔夜，出了问题不逃避，不让事情变得更糟糕，和老师一起面对，是我们师生的共识。事实上，当学生犯了错误后，学生也期待能够把局面扭转过来，只是因为面子问题，他们会选择撒谎逃避甚至是偏执执拗，他们也希望老师除了批评，还能给出意见和建议，让事情向好的方面转化，使自己紧绷的心情放松下来。那么，老师就要搭台阶、做调解。

傍晚放学时，看三分钟照片，成了学生们很喜欢的一个环节。我把当天拍摄的学生们的各种美好的样子，在班级电脑上呈现。"找那个美好的自己""看那个优秀的自己"，是一天收尾时最让人开心的事情。

以上种种，加上及时召开一次次小型家长会疏导家长的负面情绪，教会家长正确鼓励孩子，取得家校一定程度的合力。每次课间都开窗通风，从来不占用一次学生的体育课，让学生们在跑跑跳跳中消耗负能量，这些举措都很好地护佑了学生们的身心健康。很多到我们班级开课的老师和听课的老师，都反映我们班级的学生阳光热情，我想这应该是身心健康的原因。

我的"五式"专注法

■ 教师需要用心创造一切条件，培养学生学习的专注力。

很多人觉得我工作效率很高。事情虽然又多又忙，却能处理得游刃有余。

有人猜想我肯定是经常熬夜奋战，才会有那么多的文章敲打出来。可是听我说我从不熬夜，晚上 11 点前必须睡觉，就好奇我哪来那么多的时间呢？

其实呀，答案是两个字：专注。

我四五六岁的时候，身体不好，被关在家里不能出去玩。但顽皮好动是孩子的天性，祖母常说那时候的我就算是坐在那里也没个太平的时候，手指头、脚指头就在那里不安生地扭来扭去。

怎么让一个小孩能够安心地待在家里，能够跟着她专注地做一些事情，而不是像只跳来蹦去的皮猴子一刻不停，成了祖母迫切需要解决的难题。

万事难不倒她。

1. 规律式专注

什么点做什么事，家里的钟成了忠实的提醒者。

清早起来洗漱和早餐后，跟着祖母去河滩边，她洗碗，我站在岸上呼吸新鲜空气；再去竹园里采摘沾着露水的蔷薇花，洗净晒干做成我爱吃的蔷薇蜜饯；八九点钟时她教我折纸，各坐在床的一头，各自折纸，折好一个放在身前，直到她的和我的胜利会师。折的最后一个必定是狗，我俩来一次狗咬狗的游戏，开心地滚下床；十点多钟她坐在煤炉前开始洗菜、切菜、炒菜、煮饭，我就被要求和她坐在一起看她怎么操作，时不时还让我也掌勺一次过把瘾，以至于看多了做饭菜的流程，后来给我一个锅我就能做出一桌菜来；午饭后午睡起来，啃一个西红柿，坐在竹椅子上，靠在后门那里看花园里红红绿绿的风景；午后三四点钟时照例是最难熬的绕绒线球的时光，那些旧毛衣拆下来的一团乱线，就算开水烫过晒过，依然像方便面一样弯弯绕绕，一个方凳子四脚朝天，我就要在那一团乱毛线里找出个头来慢慢把毛线缠绕在凳子脚上，等毛线被"绷直"了，第二天老时间就要开始绕绒线球。我的手小，绒线球大，常有抓不牢滚出去老远的时候，这时就要像只猫一样一路追着绒线球跑。

晚饭后自然是看小人书的时候，那个时间也是父亲看书的时候，家里是要保持安静的，油灯下大大的头影在墙上，自有一种无声无息的压迫式气场，让躁动不安的心变得静静的，连咳嗽都要切成几小段。

祖母的"规律式专注"法，有一种很强的仪式感，很有点像番茄时间管理法。

先确定要做什么事，再全神贯注做一件事情 25 分钟，然后休息 5 分钟，再继续做第二件事。每完成三四个事情就做一次长时间的休息，比如午睡。这是一种极好的帮助集中注意力、获得更高工作效率的方法。我后来的生活和工作都采用了这个方式。

上语文课的时候，我也采用了这个方式，帮助学生提高课堂专注力。上课前我会告诉学生课桌上准备好哪几样东西，并依次排好，告知本课我们要完成哪几项任务，一起来挑战看能不能保质保量按时完成，能不能省下一点时间来当堂完成一些作业。

每完成一项任务，我们就把相应的书或者试卷放入课桌里。当课桌上我们要完成的都完成时，满足感油然而生。尤其是还多了一些时间出来可以当堂做作业，我可以清晰地看到学生脸上的成就感。

我也教学生在《家校之桥》上记录各科作业，并且完成一项勾去一项，每完成一门功课的作业后就站起来走一走，喝喝水，然后再专注地进入下一门功课的作业中。

这样的做法不一定对每个学生都产生作用，但是只要有20%的学生从中学到了规律式专注，就会对他们未来的人生产生重要意义。

2. 环境式专注

祖母爱干净，她很爱自己裁制衣服。每当她要做衣服的时候，她会把那一小块"裁缝间"整理妥帖。靠墙是一张长桌子，布料摊在桌上；左手边是一张小桌子，针线篮和大小剪刀、卷尺、硬尺，还有各种颜色的丝线、针箍、画粉，排列得整整齐齐。每次完工后，又全部收齐归位。我在祖母身边站着，看她忙而不乱、有条不紊的样子，心情是很舒畅的。

等我要看书的时候，祖母也会把桌子擦得干干净净，油灯拨得亮亮的。夏天的时候，还会在我脚边放一些薄荷叶，连空气都被她收拾得清清爽爽了。祖母说古代的人看书都要焚香净手，端坐在席上，看书的环境很重要。

于是我学到了归位的习惯。这么多年来，桌上的东西都会固定在相应的位置，若是被移动过了，我很快就会发现。每当我要写文章的时候，我就会整理桌面，让自己在一个舒畅整洁的环境里打字。

这些年，只要走进教室，我就会迅速地兜一圈。讲台上的东西若有凌乱，我立即收拾归位；课桌椅歪斜，我立即移动归位；上一节课老师用了投影，窗帘都遮着窗户，我立即拉开窗帘打开窗户；垃圾桶边上有纸屑落地，我立即打扫干净；卫生角的扫把拖把东倒西歪，我立即扶起归位……我的习惯被学生们看在眼里，时间一长，我一进教室，还没有开始巡逻，学生已经开始环顾四周，发现问题立即抢在我的前面处理完毕。

"这才像我的学生们嘛。"我时常满意地微笑赞叹。

也是这样的师生习惯，让我们的教室总是干净整洁，加上班级绿植生机盎然，各种班级文化布置色彩和谐，站在这样的教室里，心情豁然开朗。一年又一年，我所带的班级总是全校常规评比获流动红旗最多的班级。

在一个干净整洁的环境里，心是比较安定的，神是比较容易专注的。

学生个人的小环境，也是我关注的重点。每当我进班上语文课，我总是会说："请收拾你的桌面，准备好这节课需要的东西，请把其他功课的东西放入课桌。"

作为班主任，每节课预备铃响以后，我都会迅速进班，站在教室后面喊一声："什么课？桌面上只放什么课的东西。"随后就开始欣赏领读员带领全班领读的样子，营造氛围，等待任课老师的到来，以便学生可以及早专注于该门功课的学习。

从带班第一天开始，我常说这句话："越是学霸，课桌上越不会堆砌一座山。因为学霸是最专心致志做事的，每次课桌上就是一门功课的东西。你的课桌上乱七八糟堆了各种功课的东西，那就是在告诉我们你是一个思维很混乱的人，读不好书的。"

也正因为如此，我的学生很少有课桌上堆得乱七八糟的。什么课，什么书，成为我们的口头禅。

整洁、有序，人才会非常专注。

3. 挑战式专注

"看谁折得又快又好！"祖母教会我折纸后，常说这句话。小孩子的好胜心被即刻激发。

"你俩比赛一下，八位数乘以八位数，看谁算得又快又好！"父亲出了个数学题让小伙伴和我竞赛。你能开小差吗？怎么可能开小差？那关乎我今天能不能吃到酒酿糙米、水浦鸡蛋的问题，"性命攸关"！等父亲计算机一摁，确定了我算出来的答案是正确的时候，那一声欢呼，祖母心领神会：马上去做给你吃。

少年人是最容易被激发斗志的。

"来来来，抬头，挺直腰背，看着讲台前的课代表，把22篇古诗文一口气背给她听，全神贯注，没有杂音！"这是我们晨读时站在教室后面常说的话，"如果异口同声，我从后面看，你们后背的呼吸起伏都是一样的！"

"上课铃响到现在，15分钟了，没有一个同学走神！赞！我们来继续！"

"抬头，看黑板！全神贯注听我讲解这个题目，等会儿看有多少人掌握了！"

"来一次挑战！伸出你的手指头，一起把这五十个词语写一遍，然后我们来默写，看你错几个！"

"这个题目有点难度，我只讲一遍，看你接受能力怎么样！"

"厉害的，这么短的时间复习，这么多的生字词，居然有那么多人全对！下课的时候到我办公室拿星星！"

"每颗星星都是你全神贯注才能得来的，满50颗星星来换一张脱颖而出卡！未来可期！"

这些带着挑战的激励性话语，出发点和归宿都是为了训练学生的听课专注力。

记得有一年，我的学生小玮，聪明脑袋手脚快，但是每次考试总是与满分擦肩而过，总是在一些很简单的题目上失分。

"我要培养你了，以后每次各科小测验，我只要一看到你做好了，我就立即收走卷子，不许你检查，看你考几分！有没有胆接受挑战？"我挑衅他。

"试试吧。"他说话留有余地。

"试啥？就这么定了！"我雷厉风行。

就这么试出了一个记录：物理连续7次小练习，7次满分。他后来成为中考状元，再后来读了清华大学。

这样的孩子难得一遇，但是这样做的出发点并不全是为了这个学生，而是为了在班级里传递一个重要的信息：只要全神贯注，可以创造奇迹。

4. 丢弃式专注

"如果以后这个甜得不得了的西瓜你再也吃不到了，你会如何？"祖母问我。

她问我的时候我正在粗枝大叶地啃着西瓜，好多块丢掉的西瓜皮上还留着好多红瓤。

　　她这么一问，我有点紧张。确实，这么甜的西瓜还真是难得，以后吃到的说不定就味道寡淡了。我于是放慢了吃瓜节奏，细细地啃着红瓤，再丢掉的西瓜皮就真是西瓜皮了。

　　那时候我看的课外武侠小说都是父亲手里遗漏而来的。他看书速度超快，基本一天一本，今天借，后天就去还了。我只能在他不看书的缝隙快速地阅读，只能在他说看完了的时候快速地阅读，只能在他看的时候站在边上同步快速阅读……

　　因为知道没有办法看到第二遍，所以阅读的第一遍专注力满格。父亲"嘴里漏下的粮食"就这样"喂饱"了他的女儿。

　　从此看完一本书就丢弃一本书，手头一直只有一本在看的书，成了我的习惯。

　　等自己有了孩子，我也这样让他感受我曾经的感觉。趁他不在我去他的床头放一本我觉得很不错的书，从不问他看了没有，反正两三天后就去拿走，换一本新的放在床头。渐渐地母子就有了彼此心照不宣的默契。

　　这样的方法估计没法大力推广，现在鼓励全民阅读，讲究家庭藏书量，似乎和我们家的看完一本丢掉一本大相径庭。好在古语说"书非借不能读也"，深得我心。

　　教书生涯里居然就遇到了一个比我们更夸张的学生小房。

　　数学老师向我告状，说昨天才讲评的试卷，今天小房就说丢了。

　　知道吗？她这个"丢"不是"丢失"了，而是"撕掉，丢掉"了。

　　"我都掌握了，没必要留在身边，这样反而逼得我真的要完全掌握才行。"她一脸正经。

　　好吧。其他老师也许觉得不可思议，我懂你，你比我还狠！我心里笑。

　　再后来，老师们看见她就赶紧逃走，为啥？小房还有个习惯：自己钻研很多课外题目，钻研不出来的就做好记号，积满了5道题就来找老师请教。那难度，嘿嘿，把老师们吓得见她捧着书远远走来就赶快溜走。

她呀，就算在她身边炸个雷，她也能雷打不动！老师们这么评价小房，心里对这个学生都充满了敬意。

我好奇是什么样的家庭能够培养出这么有专注力、学习力的孩子，直到家长会见到她父亲的时候，才解开了我心中的谜。

当其他家长围在我身边交流的时候，她的父亲站在人群外面静静等待。等其他人终于全部散去时，他才走过来有礼貌地打招呼，随后他从口袋里掏出来了一张纸，上面是他想和我交流的问题，他一一做了记录，每个问题下面都留了做笔记的余地。那姿态，那架势，和小房来到老师身边问问题的样子一模一样！

等交流完毕，他手里的纸已经密密麻麻做满了记录。他满意地和我握手告别。我长舒了一口气。

世界上的人各个不同，每个人的专注力培养方法也各个不同，要像郭橐驼种树一样，顺应自然才好。也许有的学生一边转笔一边抖腿，一边就在专注地听课呢？你以为他漫不经心，说不定他的专注就是这种表达方式呢？都有可能。

5. 热爱式专注

热爱可抵岁月漫长。祖母给我织毛衣的时候，可以坐在门边大半天不挪动。时间仿佛静止了一般。她说："给你织毛衣，心里开心啊。你又长高了，去年的毛衣不能穿了。心里高兴就不累呀。"

父亲下放农村时，白天挑粪、种田、挖河泥，晚上在灯下静静看书。他不累吗？那是属于他的真正的时间，他是自由的、快乐的。

做自己喜欢的事情，虽苦犹甜；越做越有成就感，越有成就感越专注。这是相互的。所以看到学生听课不认真，发呆、走神，处于游离状态，我常常觉得不是学习态度的问题，而是因为前面学得不好，导致越听越听不懂了，完全没有成就感，只能自暴自弃。听不懂就是在听天书，装也装不来专注，很快就打瞌睡了。

尤其是自习课，那些题目他都不会做，你让他如何专注上好一节课？倒不如前半段时间自己独立做作业，把能做的先做好，把不会做的圈出来。到后半段时间开放自习课，允许学生走下位置向他人请教，听懂了、学会了就有成就感，就能做好题目，第二天就还能继续去学习。

"小老师，你给人家讲一遍，最大的受益者就是你哦，你会记住这个题目的。"

"人人争做小老师，教学相长，大家学了古文要学以致用。"

"你听懂他讲的题目了吗？听懂了？好，你去讲给某某某听听，这次轮到你做小老师啦！"

这些我常对学生讲的话，就是希望学生能够在学习中尝到一点点甜滋味，得到一点点成就感。唯有成就感，才能生出热爱心，才能在艰苦的学习中有坚持下去的动力。

学生时代，是可塑性最强的时代。需要老师用心创造一切条件，培养学生学习的专注力。马克·吐温说："人的思想是了不起的，只要专注于某一项事业，就一定会做出使自己感到吃惊的成绩。"

带毕业班的张弛之道

■ 教育是面向人的，要尊重人性。

怎么张？不是本文的重点。说实话，怎么张，班主任们方法不要太多哦。总结起来，三个字：盯，关，跟。

怎么弛？是本文的重点。说实话，有的班主任压根儿就没想过：管都管不过来，还弛？！顶多就是快中考了，学校层面请人来做个团体心理辅导，舒缓一下学生压力。

可是古人说：一张一弛，文武之道。两者相辅相成，不可或缺。

我手里这个班级是初二接的，当时各科总成绩是年级倒数。带了大半年后，各科总成绩变成年级第一名。现在是初三下半学期，六月就要中考了，一直保持着年级第一名。我靠的方法就是张弛有度。

我当然也盯、关、跟，但我更重视盯一盯弛一弛，关一关弛一弛，跟一跟弛一弛。

◆ 张弛有度，掐点很重要。

学生什么时候很劳累了？上午上完四节课后。

学生们在教室里用餐，我走到电脑前，开始播放《喜羊羊与灰太狼》，"每天都追赶太阳，有什么难题，去牵绊我，都不会去心伤，有什么危险，在我面前，也不会去慌乱，在什么时间，都爱开心，笑容都会飞翔，就算会摔倒，站得起来，永远不会沮丧……"在欢快明朗的歌声中，学生们吃着饭，看着动画片，每天一集，20分钟，真是开心一刻。

从开学至今，我手里的这个初三班级已经看完了60集，现在又开始看26集的《猫和老鼠》。学生们说在初三紧张的学习中，还能有这样的轻松一刻，真是小确幸。我呢拎着饭桶，沿着走道为学生们一一添饭，教室里洋溢着温馨的气氛。

有的老师恨不得学生分分秒秒都在学习，我甚至见过有的老师在学生吃饭的时候播放英语单词，说听到一个是一个。可怕的思维，可怕的做法。学生不是机器，他们是鲜活的少年人，爱哭爱笑。老师也曾经是少年人，老师在办公室里也不是一天到晚埋头读书写字一刻不停的人。教育是面向人的，要尊重人性。

同样的掐点，我也教会了家长。

当下午四点多的天空突然飘起雨来，我就在家长群里喊："下雨啦，早晨还有太阳，所以肯定有孩子没带伞呀。家长要是有空就来接孩子哦。别让孩子用书包顶着头一身是水在雨里奔跑。对孩子真正的爱是切切实实为孩子做点实事，比如下雨天来接一下孩子。和我说一声，我来告诉孩子你在西门卫等 TA。"

果然一串家长开始喊："于老师，我要来接的！"

想了一想，我又喊："要是来得及，去买个肉包子呗，或者烤红薯，或者一杯奶茶。揣在怀里保温。孩子一天又累又饿啦，看见你从怀里掏出美食来，哇，想想都感动。"家长们在群里一个个乐了。

第二天学生们交上来的"每日一记"里记录了一个个温馨的瞬间：

"我爸这么神经大条的人，竟然从怀里掏出个大肉包，让我又惊又喜。我咬了一大口，发现他也张开了嘴巴，那一刻真让我恍惚，好像回到了小时候我妈给我喂饭的时候。可他是我爸！老天，我爸！"

"'喝吧，还热的。'我爸把奶茶递给我，那一瞬他竟然有点脸红羞涩。哈哈，我爸平时鲜有这样脉脉含情的时候，他竟然难为情了！"

"走出校门，老爸在门口，见了我拍拍小毛驴说坐上来吧。我坐在后面，贴着他的后背，这样的情景，两年多没有了，那一刻，我有点想流泪了。"

我把这些文字拍成照片发到家长群里，"孩子长大了，家长管住嘴，迈开腿。不要再对着孩子唠唠叨叨，不要再一开口就批评、指责、挖苦、讽刺、羞辱。迈开你的腿去菜场买菜，回来做饭做菜，没有什么比一顿美食更让人心安了"。

◆ **张弛有度，沟通很重要。**

初三的学生背负很大的升学压力，无论是成绩好的还是成绩差的学生，都有少年人的烦恼。我自费印刷了师生沟通本，每个学生人手一本，里面有"于老师日记"和学生"每日一记"，学生们每天写小日记，不限主题，真事真情就可以。我仔细阅读，真诚留言，以知心朋友的身份倾听、化解少年人的苦恼，分享少年人的欢乐。我也每天写"于老师日记"，打印出来贴在学生日记边上。这是心与心的交流，情与情的分享，让少年人的心事有处安放，有地倾诉，有人倾听，得到慰藉。

有些老师看了我的做法后也问我要了沟通本去实践，过了一些日子对我说有点坚持不下去了，因为有些学生写得很敷衍了事，看了让人生气。为什么他们的学生没有真正把这个本子当成一个倾诉的好地方呢？

我的一些学生在刚开始写"每日一记"时也有敷衍了事的，甚至还有人一片空白交上来的，大概是觉得没啥好写的，那我是怎么做的呢？

我可不管你写得咋样，反正我给你留言，长长的一段话，天南海北各种细节地扯，比如"昨天我看你和小涛讨论问题，很明显，是你在教他，我看了还挺高兴的，你教他一遍，他要是真的听懂了，说明你表达能力很强，你这样教一遍，你掌握得就更好了。我等会儿抽空问问小涛听懂了没有"。

这样的留言，其实也是在暗戳戳教他怎么写每日一记。如果你看到一片空白就去把他叫来训斥一通，那他以后写这个就更加没劲了，每天都以之为苦了。

我留言的时候还喜欢搞笑。比如有个学生描写了当天晚上母亲做的一个美食，她最后一句话写道："老师，你闻到香味了吗？"我就留言："哼！没良心的，不知道留点给我吃，还来欺负我吃不到！默写的时候小心点，错得多我打电话叫你妈今天晚上饿昏你！"

有的学生有点画画小才能，吃了草莓后，还用黑色水笔画了个草莓，我就手痒痒，给她涂了鲜红色，留言："没办法，被你诱惑，手痒痒，涂了。从此我叫于涂涂。"

我常常把不涉及学生隐私的又写得特别好的学生的"每日一记"录入电脑，形成电子稿，印发给学生贴在沟通本上。放学的时候同学们可以一起来看看他们是怎么写的。里面有对同学努力学习的赞扬，有对帮助过自己的同学的感谢，也有学习上遇到困难时非常苦恼但是想了办法终于克服时的无比喜悦，还有上学路上看到的某个美景时的小确幸。印发给大家是对写作者的一种赞赏，也是手把手教大家如何写好每日一记，更重要的是通过这些范文暗示学生们应该积极面对生活，不要忘记善于发现身边的美。以此来让学生的身心得到健康的引领。

我还精心制作了"每日一记"精选，彩色打印塑封后挂在走廊里给大家欣赏，成为一道靓丽的风景。

也有的学生写到了家里父母闹矛盾，或者父母教育方式不当对自己造成的伤害，每次看到后我都会悄悄和家长沟通，教给他们正确的方法，也提醒他们别让孩子知道我和他们联系过。后来的结果如何呢？我只要看孩子下一期"每日一记"就知道啦：

"今天放学爸爸来接我了，对我说昨天脾气冲，让我别放在心上，原谅他。嗯，我肯定原谅他，他是我爸，我心里是爱他的。"

"真好，您大人大量，以后一定福如东海寿比南山！"我哈哈一笑留言。

◆ **张弛有度，睡眠很重要。**

苏南地区的学校都提供中餐，学生不回家吃饭。除了炎热的六月，中午学生被要求趴在桌子上休息半个小时左右，其他月份都没有午休。十二点多学生要在教室上自习，有时做作业，有时老师讲课。下午一点多就正式上课了。在容易春困的三、四月份，在容易秋乏的九、十月份，学生下午的课堂效率很低，尤其是下午第一节课，常有学生打瞌睡。

我能理解。孩子们晚上作业做到九十点钟，早晨五六点钟起床赶公交车上学，睡眠时间很是不足。强打精神上课，是没有效果的。

和任课老师沟通后，一年四季，中午讲课的两位老师各自让出十分钟，到12：30我出现在教室门口时，任课老师离开教室，教室里关灯、拉窗帘、关门，营造一个黑暗的午休氛围。我和学生们一起开始午休。20分钟后，我喊学生们离开教室，到走廊里舒活筋骨，喝点热水，上洗手间，看看远处，聊聊天，到下午第一节课预备铃响后再进教室准备上课。这样确保了学生下午上课时精神抖擞，老师们反映效果很好。

为了让学生们趴在桌子上睡得舒服一些，我自费购买了小软枕，午睡时可以把脸埋在软枕里，不睡时可以把小软枕当靠枕，还可以用来抱着舒缓压力，真是一举三得。

我一直赞成一句话：要读一些无用的书，做一些无用的事，花一些无用的时间，都是为了在一切已知之外，保留一个超越自己的机会。人生中一些很了不起的变化，就是来自这种时刻。有些东西，看似无用，却是未来长久地有用。摒弃功利，滋养灵魂。

那么，以上看动画片、写"每日一记"、午休，在有些老师眼中都算得上是无用的事。

在初三高三的教室里，有多少班级能够每天让学生看20分钟动画片？有多少老师在辛辛苦苦批改学科作业后还能每天一个小时雷打不动阅读学生日记——留言？有多少班级一年到头还能让学生每天午休？

盯、关、跟，是为了让学生养成习惯考出成绩，但仅有习惯和成绩是不够的，还要滋养灵魂。有时候，真的需要放慢脚步，让灵魂跟上身体。

班级问题两种不同的处理方式

■ 遇到问题，采用 A 处理还是 B 处理，既是一种思维又是一种能力。

逻辑思维既是一种认知，也是一种能力。

在班级管理中，正确处理问题的逻辑思维类似于议论文三段论：提出问题—分析问题—解决问题。这种处理问题的思维方式我们称它为 B 处理方式。

但我们发现，在平时的教育教学管理中，学生冒出问题时，老师们很容易出现这样的行动方式：遇到问题——怒火中烧（发泄情绪）——愤怒中、烦恼中处理问题。这样可能既没有处理好又导致后患无穷。这种处理问题的思维方式我们称它为 A 处理方式。

我们举个例子：

学生小张隔三岔五未交作业，询问下来就是没做，本质上是因为学习基础差导致上课听不太懂、跟不上，渐渐自我放弃，开始"躺平"，作业很多都不会做，索性就偷懒不做了。父母本身没有什么文化，忙于打工，无暇顾及。

班主任小勤老师一次次提醒教育没有效果，这次又查到小张同学的数学和英语作业没有做，小勤老师"旧怨新恨"涌上心头，不由自主就采用了 A 处理方式：

第一节课下课后，小勤老师把小张同学叫到办公室，狠狠教育了一通，同时打电话给小张同学的父母，告诉他们小张经常不做作业的事情，要求家长多加督促陪伴，家长在电话那头自然是"哦哦哦、好好好"。一通噼里啪啦后，小勤老师问小张同学以后能不能保证交作业，小张同学也是"能能能、嗯嗯嗯"。于是小勤老师的情绪从愤怒高处渐渐落下，交代一句："以后再这样我把你家长叫到学校里来！"

小张同学就这样回到了教室，长舒了一口气："好了，我扛住了老师所有的愤怒情绪，我没做作业的事就这么过去了，至于我父母嘛，他们那么忙，顶多骂我一顿，也就过去了。下次作业的事，下次再说，先把这次应付过去呗。"

小勤老师呢，愤怒情绪发泄完以后，人也松爽了很多，再和办公室同事一起"吐槽"，这件事情也就这样过去了。

那么，最后的结果就是：小张的作业没有做。后患是什么？小张渐渐明白，只要自己脸皮够厚，只要"抗击打"能力够强，就可以糊弄过去了。

小勤老师几次三番后，也会渐渐得出一个结论：小张这个学生是没救了，就算了吧，只要不惹事，平安毕业就好了，根本不指望他考个什么学校了。

小民老师同样遇到这样的小张同学，采用 B 处理方式，结果却完全不同：

第一节课下课，小民老师来到班级，走到小张同学面前，让他把数学作业和英语作业（空白的）拿在手里，跟小民老师到办公室。小民老师让小张同学坐在自己办公桌前补作业，第二节课铃声响后，小民老师让小张同学把作业放在办公室，回班级上课，关照他第二节课下课后再来补。这样，每次下课小民老师都让小张先去上厕所再来补作业，直到补完为止。既不厉声呵斥，也不打电话给家长告状，把所有时间节约下来让小张补作业。

而且，小民老师是根据小张同学的能力水平来操作的：会做的自己做，不会做的让任课老师挑一两道简单的教一下再让他补。这样既补了作业，又稍微提升了一点水平。

小民老师说："打电话给家长告状没用的，家庭状况如此，家长有心无力。"

小民老师的做法，既坚持了原则，也没有吼叫伤身，可以称作"温柔的坚持"。

如果有老师问："有的学生真的是差到一个也不会做的，来了也是干坐着，怎么办？"那就好好教一个题目吧，做一个也是好的。

如果有老师问："今天补好了，明天又不做了，怎么办？"那就明天继续补。有的学生很可能这样拉锯到毕业呢。铁打的营盘流水的兵，他们总会毕业的。

如果有老师问："哎呀，这样不是剥夺了学生的课间休息时间吗？家长会不会不开心呀？"刚才说了，让学生先上洗手间再来补作业的。如果家长不支持，觉得孩子作业不做老师不用管的，那么就签好协议不用管，大家省力。但我想没有一个家长不希望自己孩子好好读书的，只要老师言行得体，家长会支持的。

我们对比 A 处理和 B 处理，可以清晰地看到：

A 是发现问题后，情绪当头，在愤怒的情绪驱动下做了一系列事情，这样的处理结果不仅费力，而且伤神伤身还没有效果。

B 是发现问题，直接解决问题。情绪上是平和冷静的，效果良好。一个是你不做作业我就发火，一个是你不做作业我就让你补做作业。

我们再来看几个案例：

学生小王和小白在男厕所里玩，小王上完厕所想开门出来，小白在门外推住门不让小王出来，小王急了，就用脚踹门，门上的铰链松动脱落，最后门和门框分离了。

小王和小白知道惹事了，带了掉落下来的两个铰链来找班主任小芬老师。

小芬老师采用 B 处理，轻松地解决了问题：

理出解决思路：门坏了——需要修理；学生调皮导致门坏了——需要教育。小芬老师先解决门的问题。门的修理有两种方式，一种是家长和学生一起修理；一种是报学校总务处来修理。小芬老师决定先询问家长。

小芬老师让学生先回班级上课，自己在办公室里联系了两位同学的家长，并且把门的铰链照片和厕所门的状况拍照发给家长看，询问家长是否有工具、有时间、有能力来修理，如果不行，就报学校总务处来修理，但是破坏学校公共财产，会被记录在案并且进行相应赔偿。如果以后还有这种情况，会有处分。

家长看了以后表示自己能够来校修理。

家长来后，带着这两个学生一起到厕所修理，花了大约半个小时，修理完毕。正好是放学时间，其他同学走后，两位学生和两位家长在教室里和小芬老师进行了交流。学生当着家长的面再次复述了事情经过，家长对孩子进行教育，小芬老师再次强调了学校的规章制度，并强调了如果受到处分会有什么后患（比如如果处分记入档案，将来就不能入伍）。

小芬老师表扬了两位学生有担当，发现自己做了错事，没有逃避和撒谎，而是第一时间自己带着铰链来找班主任，第一时间承认错误。这种责任担当，值得在班级里进行表扬，犯错不可怕，可怕的是没有责任担当。

小芬老师也表扬了家长的配合。青春期的少年是很容易交友不慎惹出事端的，家长需要高度配合学校，使孩子顺利度过青春期。

小芹老师遇到了相似的问题，学生课间推搡中把教室后门上的一块玻璃弄碎了。小芹老师第一时间查看了学生是否受伤，然后联系家长，家长到校看了后表示自己无法修理，就报送学校总务处，并进行赔偿。总务处老师和家长一起教育学生，重点提醒课间推搡的安全隐患。班主任在班级播放学生课间推搡导致的恶性伤害事故，警醒全体学生注意课间安全。

小强老师遇到的事情更加严重一些：两个学生本来是好朋友，在厕所里玩笑打闹，发展到彼此生气，真打起来，一个被抓伤，一个撞在水龙头上破了皮。小强老师第一时间联系了家长，同时立刻把学生送到医院检查伤情，做了各项检查，并告知学校分管领导。按照流程一步一步处理，事情得以妥善解决。

小芬老师、小芹老师、小强老师，采用 B 处理方式，既没有生气发火，又做到了家校合作，更解决了问题。

孟子说"人恒过，然后能改"，作为班级管理者，教师也要有这样的一种正确对待学生犯错的逻辑思维。就事论事，而不是就事论人，不让愤怒情绪当头，不在情绪愤怒时采取行动，冲动之下，言行举止都是扭曲的，非但不能处理好事情，反而容易惹出事情。

我们发现，有一个前提条件需要老师引起重视，那就是在平时就要告诉学生如果犯了错，要第一时间自己主动告知老师，这样老师才能帮你解决问题；不要隐瞒、欺骗，校园各处都是监控，其实是无法隐瞒的，若是被学校查出来，那么本来一个小错误就会上升到人品问题，变成一个尴尬的大错误。

要让学生明白，犯错不可怕，人非圣贤孰能无过？犯错后的行为很重要，老师是能够客观理性地帮助学生改正错误、弥补过失的。

教师客观公正、沉着冷静处理问题的样子，会对学生产生很大的影响，未来他们遇事的心态和处理问题的能力，都会有样学样。反之，老师遇事时气急败坏或者暴跳如雷，也会影响到学生未来的状态。

当事情解决后，还有一个后补事项同样需要老师们引起重视。那就是当学生离开后，老师要和家长单独再聊一会儿，把学生近阶段的其他表现和家长沟通一下，既说到学生的表现良好之处，也谈到学生的不足之处；既告知家长自己对这个学生的培养计划和方法，也恳切要求家长的默契配合，并感谢家长在工作间隙抽空到校一起解决问题。

比如学生弄碎玻璃的事情，老师可以告诉家长自己内心的担忧：幸好这次没有受伤，不然玻璃那么锋利，轻则皮肤流血，重则伤及筋脉。

家长看到老师对学生的关爱担忧和冷静沉着处理学生问题的样子，也会油然而生对老师的敬意，会主动配合老师教育孩子。

遇到问题，采用 A 处理还是 B 处理，既是一种思维又是一种能力。是掌控自己情绪的能力，客观冷静梳理问题的能力，找到最佳解决方案的能力，尽量周到周全考虑问题、处理问题的能力。

这个能力，需要老师在日常教育教学中不断学习、不断提高。

相信这样的思维和能力，也会延伸到生活中，使自己和家人都受益匪浅。

康德说："只有心平气和，才能做出明智的判断。"

爱因斯坦说："只有保持冷静，才能看清困难，迎难而上。"

培根说："不动声色，不忙不乱，才能处理问题。"

范特姆说："沉着冷静是智慧的灵魂，冲动是愚蠢的仆人。"

……

我想这些名人在探索研究的路上，在自己的研究成果能否被他人认可接受的过程中，一定是经历了很多我们难以想象的困难，才拥有这些经验教训的。

拥有了这样的思维和能力，教育和生活中的很多艰难也会化解很多。

一日之计从早读开始

■ 最大的"得"，是让学生看到了一个班主任的榜样引领。

你觉得你可以遥控管理班级吗？比如你一天不在班里，班级太太平平的，一切井然有序；你第二天回到学校，你的搭班老师一个个向你报喜，说作业都收齐了，一个也没有赖的；上课认真得很，没有趁你不在调皮捣蛋的；课间斯文有礼，不追不闹……

我必须老老实实回答你：我不行。

相反，我人不在学校，但是一颗心悬在那里，生怕学生出点啥事情。因为我总是半路接最差的班级，虽然在我的努力下班级整体有进步了，绝大部分学生行为习惯改好了，但是，一定有部分学生，只是我在的时候有所收敛，我不在的时候，是他们行为出格的好时机。

记得有一次出去开会，会议进行到一半时，我身边的一个老师接了个电话后站起来对主持人说："我班级里出了点事情，我要马上回去。"

她脸上的焦急无奈和羞赧尴尬，一览无遗。她整理了东西和我打个招呼要走，我拉住她的袖子说："别着急，开车慢点。没事的，我也常遇到这样的事。"她感激地对我点了点头，眼神里有点惊讶，大概在她的认知中觉得我不太会遇到像她这样的事情。

唉，谁也不是神啊。身在会场，心牵挂着班级，是每个外出开会的班主任

147

相同的心情。我也是。

往往就是我在学校的时候啥事也没有，但只要一不在学校里，就会有事情。我都有外出恐惧症了。你呢？

既然如此，那就老老实实守着自己的班级吧。从早晨开始。

32 年来，每天早晨 5:30 起床，6:40 前到班级成了我的习惯。

我把这个习惯开学第一天就告诉了我的学生们。

在初中，7:00 左右非正式进行早读是各所学校不成文的规定。7:00 前，领导已经在兜圈子查看一个个班级了，班主任都站在教室里查看卫生了，语文老师和英语老师拿着课本从办公室往教室里去了……我们都是一线教师，我不说假话。

7:00 前，教室里是真空时间，老师还没有到，学生来了一些。抄作业的，聚在一起高声聊电脑游戏的，悄悄谈恋爱的，追逐打闹的……教室和厕所，监控看不到的地方，便是学生感觉最安全的地方。全世界除了顶级生源的学校，大概这样的事情少一些，其他学校，都差不多吧。这个年龄的孩子，爱学习的不多，厌学的挺多。

有的老师厉害，学生一看就觉得不好惹。人性中最不好的就是欺软怕硬，唉，这四个字在师生之间真是体现得淋漓尽致。同一个班级，同一批学生，有的老师走进去安安静静，一节课顺顺溜溜的，学生们埋头做笔记，抬头看黑板，给人的感觉是极好的生源；有的老师走进去，却常常被学生虐得火冒三丈败下阵来。你要说讲课水平到底有多大差异吧，倒也不见得，但气场却真的不一样。气场这东西看不见摸不着，杀伤力却不可小视。

我见过一个气场足的，走过学生身边，那真是秋风扫落叶，学生实在不敢惹。这样的老师大清早走进班级，把自己的包往讲台上一放，就笃笃定定出去吃早饭了。此时包人合一，教室里鸦雀无声。厉害吧。

扪心自问，你可有此等凤辣子一般的气场？没有？那就和我一样，老老实实在教室前面高一些的地方站着吧，但是千万不要说话。听我的，闭嘴。

站一会儿，看到绝大部分学生都已经坐下来拿出语文书和英语书了，你就慢慢走下去，开始在教室里兜圈子。

两圈兜下来，基本都安定下来后，你拿出手机，打开拍照模式，记得设置美颜哦。继续兜圈子，用最快的速度咔嚓嚓拍下很多张学生认真读英语的样子。这些照片，每天放学前在教室电脑上以幻灯片形式自动播放。

因为是美颜了的，学生的皮肤一个个白白嫩嫩的，满脸痘痘都变成光洁如蛋了，一个个唇红齿白，眼神炯炯，谁不爱呢？学生盯着那么美好的自己，有点害羞有点自信，对你有点感激起来了。

有了这样的第一次，第二天早晨你往讲台前一站，专注读书的人一定比之前多了。

你啥也没说，你只是拍了一些照片，你盯着学生们，可是你一点也不讨人厌。他们都渴望着被你拍美美的照片呢。

我是语文老师，属于我的早读课一周有两次，是周二和周四。属于英语的早读课有三次，周一、周三和周五。后来，周三的早读专门用来做数学小练习了。

可是我每天 6∶40 前都到教室了。我不敢疏忽，有的学生 6∶20 就到教室了，我可没有能力遥控管理 6∶20—7∶00 的那 40 分钟。我只好每天早早地进教室。你呢？

小心驶得万年船，这是我接受的教育。不要在家里磨蹭半个小时，最后学生趁你不在教室里而无法无天做了不好的事情，你花了一整天才处理好这些事情，那就因小失大了。我可不愿意。

周一到周五，作业收完后，都读英语。周二、周四读到 7∶10 再开始读语文。周一、周五一直读到英语老师来我才离开教室。这是我定的规矩。

每次接差班，英语成绩都是和人家班级平均分差个十几分的。这门功课，是所有功课中最有连贯性的一门。单词都不会，句子和文段更不要说了。不是短时间内能够提高起来的。我这个语文老师做班主任，就只好让自己吃亏一些，多盯着学生读英语了。

怎么读？可不能让学生滥竽充数了。

6：50的时候，英语课代表上台领读，她读一遍学生跟读一遍。学生们知道我等会儿要听他们"独奏"的，所以跟读的时候，别提有多认真了。连着跟读两遍。那声音，真是洪亮得很呐。

学生们不知道，我真正的用意是在培养英语课代表。她要流利地领读，昨儿晚上一定要下苦功夫。她要是读错了，班级里那几个英语学得比较好的，一定会叫起来纠正她。所以英语课代表要读得正确又流利，还要读得响亮，这才能建立起自己的威信来。

这对她提高英语成绩，好处太大了。所以，每次考试，她的英语成绩一定是力拔头筹的。

等两遍跟读完了，我就走下去，我站在谁的身边谁就来领读，我的手里捧着一只铁盒子，里面是绿星星和红星星。你领读流畅、响亮、正确，给你一颗绿星星；你领读基本过关，但不那么出色，给你一颗红星星；你要是怎么也开不了口，或者读得错误百出，我就啥也不给你了，也不为难你，我只管走到下一位同学的身边。

早读课结束后，绿星星和红星星就贴到门上去了，那里有张带磁性的名单，星星往上面一放就吸牢了，很省力。没有星星的同学，就只能利用下课休息时间跟着我指定的值班人朗读了。

这样，我开学第一天就知道哪些同学英语读得好，哪些同学开不了口。那就想办法帮他们了。

这星星呢，一周统计一次，周五我对着门一拍照，一周的统计就完成了。星星撸回铁盒子里，下周继续。一周小奖励这时候就可以实施了，吃到一颗糖也很美哦，不信，你看学生笑眯眯的脸就知道了。

我这样早早到学校，一举几得呢？

减少了抄作业的人数。要抄作业的学生代价有点大了，要起个大早到班级，可是班级里别人不一定来哦。我让你巧妇难为无米之炊。抄不着，学生只好想别的办法了。

组织好了英语朗读。让学生看到了我这个班主任对英语的重视。英语必须学好呀。不放弃一个学生，不抛弃一个学生。我也顺便捞回来一些流失在我脑海里的英语知识。

培养好了英语课代表。我不会让你孤单，你只管领读，我帮你组织好班级纪律。我是你的得力助手。哪一天我真的有事没法来帮你，你也知道操作的流程。

让搭班老师感受到我的真诚。无论你几点来，反正我都在教室里的。所以路上万一遇到堵车你不用着急。我这个班主任没有别的本事，但是我可以守在教室里，组织好朗读，静静等你来。有一天，英语成绩进步了，为你高兴，功劳都归你，我隐身。

最大的"得"，是让学生看到了一个班主任的榜样引领。

我不迟到，我持之以恒；我不唠叨，我雷厉风行；我珍惜时间，我很公平。读得好我点赞、奖励，读得不好我想办法帮助你。

一个早晨，我不说话，但我把事情做好了。心里是高兴的。

这个时间段，教室里井然有序，没有出什么事情，我就不用再挤出时间来处理乱七八糟的事情和心情，这样一算，更开心了。

32 年的早晨，就这样高高兴兴地度过了。脸上一定少长了几条皱纹。

3 串数据，让我不怕做班主任

■ 正在成长中的学生站在我的身边，我要带着他们翻山越岭，陪伴他们一段人生路。

好多人问过我一个相同的问题：你做班主任 32 年，是怎么坚持下来的？

是啊，大家都有点避之不及呢。学校、家长、学生，千头万绪的事，这班主任工作呀，还真的不好干。

我怎么坚持下来的？如果我回答"情怀""热爱"，你一定叹口气说：算了，不想听了。

那我要是说点别的呢？比如我在教育中牢记的 3 串数据让我不怕做班主任，你想不想听听？

◆ 第一串数据：52% + 48%

从古至今，"性本善"和"性本恶"争论不下，咱们都不是脑科学家，也不是遗传学家，更没有掌握各种解剖分析的大数据，咱们唯一拥有的就是一届一届流水的学生和家长。

渐渐地，我发现，一个学生的成长 = 天生遗传 + 生活环境 + 幼年家教 + 后天教育 + 经历人事。这纯属我的一家之言，只是我 32 年班主任工作的一个私人感觉。

在这5个成长要素中，我发现只有一个"后天教育"和我有点关系，其他4个我都无法参与。当我发现自己是1对4的状态时，那颗想要通过自己的各种教育技巧"点石成金"的跃跃欲试的心，忽然就平静下来了。

我想起半路接班时那个我教了26遍"我"字的写法却依然写错的初中大男孩；我想起那个出口成"脏"的女孩子，她的母亲当着老师的面责骂自己女儿时十句话里有七八个下流字眼，可是自己却浑然不觉；我想起很多的孩子幼年时都被扔给文盲老人，一年难得见到一两次外出打工的父母，如果没有血缘的维系，他们彼此陌生的状态绝不会让你感觉他们是亲子的关系；我想起孩子们成长的过程中温暖餐桌的缺失，共同做家务的缺失，一起走进大自然欣赏美好的缺失，遇到挫折时拥抱鼓励的缺失，最重要的是亲人生活在一起时温暖微笑的缺失。

我孤独地站在那里，对面矗立着4座高大的山，阴影投射下来，就要把我湮没了。

可我必须面对。正在成长中的学生站在我的身边，我要带着他们翻山越岭，陪伴他们一段人生路。

于是我把那4个我无法参与的成长要素的占比设为52%，我和学生在一起的时光占比设为48%。这数字是我自己设置的，是我给自己设的心理数据。

52%，它大我小，我从心里明确地知道我干不过它，那我也没啥好生气的了。这些我无法改变的东西，我选择接纳，不然还能怎样呢？

48%，我心里还是相信后天教育的力量的，有时候，有个支点，还真能撬动地球。在我和学生在一起的两三年中，尽我所能，各种尝试。改变我能改变的，我选择了积极实践，努力呗，难不成"躺平"等着失败？

你看，我牢记的这第一串数据，慰藉了我的心。做一个积极的悲观主义者，做一个悲观的积极主义者，都可以。管它性本善还是性本恶，用出世之心做入世之事。

此处，适合吟诵苏轼的《定风波》：莫听穿林打叶声，何妨吟啸且徐行。

竹杖芒鞋轻胜马，谁怕？一蓑烟雨任平生。料峭春风吹酒醒，微冷，山头斜照却相迎。回首向来萧瑟处，也无风雨也无晴。

◆ 第二串数据：20%+80%

"二八定律"这几个字我是很熟的。我在教育中用得最多的就是二八定律。

19 世纪末 20 世纪初意大利的经济学家巴莱多认为，在任何一组东西中，最重要的只占其中一小部分，约 20%，其余 80% 尽管是多数，却是次要的。这种不平衡性，在社会、经济及生活中无处不在，这就是二八定律。

我把二八定律用在教育上。

比如，上一节课，20% 的人认真听，80% 的人假模假样听。从前你看了是不是会很生气？觉得认真听的人太少了。那现在呢，你算一笔账，你的班级 50 个人，20% 就是 10 个人。这时你突然心里有点喜悦起来了，因为上课认真的最起码一半是有的呀。看，你捡到大便宜了，不认真听的也就那么五六个或者十来个吧。远远超过 20% 了！

如此类推，什么作业呀，值日生呀，考试成绩呀，包括支持工作的家长人数呀，对你好的领导同事呀，都可以用这个二八定律来算算账。心情是不是好多啦！你还是很厉害的嘛，你都快要把二八定律改成八二定律了！

此处，适合吟诵苏轼的《水调歌头》后半部分：转朱阁，低绮户，照无眠。不应有恨，何事长向别时圆？人有悲欢离合，月有阴晴圆缺，此事古难全。但愿人长久，千里共婵娟。

◆ 第三串数据：55%+38%+7%

麦拉宾法则是心理学教授艾伯特·麦拉宾在 20 世纪 70 年代，通过 10 年的一系列研究，分析口头和非口头信息的相对重要性，得出的结论：人们对一个人的印象，只有 7% 是来自你说的内容，有 38% 来自你说话的语调，而 55% 来自外形与肢体语言。

说话时，"说了什么"只能传达 7% 的信息，而其他的"语气、声调、速度、外形、肢体语言"却能传达 93%。

你想到了啥？比如你苦口婆心指责一个学生的犯错，你嘴巴里滔滔不绝地说着为人处世的道理和校规校纪，讲得你自己都要被自己再教育了。可是学生似乎没有什么反应。现在你明白了吧，你一箩筐话只有 7% 进他耳朵了，他更多的是听到你愤怒的语气语调，看到你紧缩的眉头、严厉的表情、指手画脚的动作。

心头一惊对吗？

难怪青春期的孩子会对父母说"你好烦"，难怪学生听你的话这个耳朵进去那个耳朵出来，他已经很耐住性子听你啰里啰唆了。

难怪你觉得你复习的时候冷饭炒了一遍又一遍，结果考到一模一样的题目时还是有很多学生错了。你以为你讲的他们真的听进去了吗？

那怎么办呢？科研成果表明，在人类所有的感知信息中，视觉信息占到了 83% 以上。那就充分利用这一个数据，与其让学生坐着听，不如让学生边看黑板边动笔写。这就是老祖宗说的"好记性不如烂笔头"！

我想起魏书生老师当年让学生写犯错说明书，把自己犯错时内心世界的矛盾斗争进行描摹剖析，越细致越好，这样的自我复盘、剖析、自省，远远胜过老师的千言万语。

从此，和自己的孩子在一起，和学生在一起，要讲什么道理，先不要急着张嘴就来，更不要引经据典、滔滔不绝，先深思熟虑一下，再用最干脆利落的话表达，或者写在纸条上、留言板上更好。老师批作业时简单留言或者画简笔画，效果好得很！

看到学生犯错，生气地把学生喊过来要开始说教时，先深呼吸 6 秒，去倒杯水给自己，批改几本作业，等自己的火气平静下来了再好好说话。还可以让学生坐在你身边，你拿张纸把自己想说的一个字一个字写给他看，让他也在你的文字下面写，就像面对面发微信一样，无声无息却又把该说的都说了，看完了再把纸送给他。估计能够让他消停个三四天吧。下次犯错再来，磨呗，这不就是一个拉锯战嘛，坚持到他毕业的那一天呗。

此处适合吟诵辛弃疾的《丑奴儿·书博山道中壁》后半段：而今识尽愁滋味，欲说还休。欲说还休，却道天凉好个秋！

我把教育中熟记的三串数据告诉您，您曾经沮丧的、困惑的心情有没有好一点呢？

估计 20% 的老师会好一点了，还有 80% 的老师看了没啥感觉。

您要是把那三串数据写一写，估计以后遇到事的时候会念念有词、心态平和很多哦。

要是真遇到油盐不进的，你就举手投降说：48% 遇到 52% 了，输了输了。

默默疗伤，再悄悄努力呗，还能怎样呢？

不知不觉间，你就从一个血气方刚的年轻人变成一个沉稳平和的老教师了。

5 个方法，让我在疲累中保持活力高效

■ 事来马上做，千万别拖拉。时间先紧着用，再松着用。

1. 做事别拖拉，但要有方法

有一个周日，我在去看望父亲的路上，突然收到学校班主任群里的信息，要把全班学生分成 35%+35%+30% 的三组人，明天开始学校里的一项检测是按照一组一组来做，班主任需要拟好分组名单。

也许有老师会想，今天是周日，我人在路上，不在电脑前，班级名单虽然在手机里，可是名单和表格同在手机上，操作起来太不方便了，等一等回到家里在电脑上再提交吧。这么一拖拉，要是工作群里的负责人一催促，心情就很烦躁了。

我的做法是：立刻在马路边找到一个可以坐下来的地方，从包里拿出纸质班级名单（这是我一直放在包里的，包括家长的联系电话），然后在手机上把名字一个个输入表格里。这样十分钟左右也就结束了。松一口气，站起来继续往父亲家走。

到下午我和朋友聚会一起喝茶的时候，又收到班主任群里的信息，分为三组的形式发生了改变，改为分成两组，要重新提交表格。

我尝试在手机上把三组的名单复制下来粘贴到两组的表格中却无法成功，只好和朋友说声抱歉，给我十分钟工作一下。再次拿出纸质表格，再次一个个

输入名单，十分钟也解决了。长舒一口气，继续和朋友喝茶。

我以这样一件事情为例，是想告诉班主任们：事来马上做，千万别拖拉。时间先紧着用，再松着用。我不愿意一边喝着茶，一边心里挂念着事情还没做完。就像我们教育学生先把作业做完再去玩，不然玩也玩得不痛快，是一样的。

2. 环境决定心情，别让凌乱影响你

我有个习惯，每隔一两天要整理一下办公桌，重要的材料一定放在柜子里方便取到的地方。办公桌桌面上保持有大块空白的办公区域，让自己感觉到这是一个干净简洁的办公环境。

电脑桌面上也不能放一堆文件夹，要保持电脑桌面的干净简洁，我还在桌面上布置了一个花瓶，装上明亮的黄色绢花和吉祥如意挂饰。

所有这些都给了我自己很正面的暗示：一切还在我的掌控之中，一切还是井然有序的。

这就是环境的力量。一个整洁有序、幽雅的办公环境，会给人带来舒适的好心情；相反，一个凌乱堆砌、肮脏的办公环境，则会给人带来焦躁的坏心情。

教师是吃"开口饭"的，班主任更是长时间要用嗓子，再忙也要喝点润嗓子的水。如果烧水壶放在各自办公桌上占地方，不如学我，我把自己的烧水壶当作办公室公用的水壶，放在公共区域，烧了水大家一起喝。我还把自己保养嗓子的蝉衣陈皮包拿出来共享，让一个办公室的老师一起喝这个润嗓子的"神仙水"。

大家好才是真的好，对不对？

3. 求助一点也不丢脸

现在当班主任没点儿 WPS 技术真的不行，这也是很多年纪大的班主任觉得"工作很难"的很重要原因。

工作中经常要用到"收集表""压缩包"。打字不快的，表格制作不会的，

格式转换不懂的，肯定心里发毛。会者不难，难者不会。人在自己不熟练甚至完全不懂的事务上，是最容易产生畏难情绪的，也最容易心浮气躁，蹙着眉头苦着脸，手足无措，心情极度不好。

这个时候，一定要学会求助。办公室里总有心灵手巧、技术高超的小伙伴，一定别死要面子活受罪，一定学会第一时间求助，别怕人家说你笨，一次没学会就第二次再求助，多给同事一些成就感也很好啊，顶多等有空时请人家吃点东西呗。

越快求助越好，这样才能节约时间。在这一点上，我的做法是：我才不管自己多少光环加身呢，遇到不会的我就大叫："这个我不会，快来教教我！"我才不管人家觉得我聪明还是笨拙呢，反正一次没听懂就再请人家教我第二次，一直到听懂了会操作了为止。我们一直教育学生的"好学""多问"，也要用在我们自己身上，对不对？

平时包包里放一些好吃的小零食，人家帮了我，我是一定要谢谢人家的，好吃的共享，下次再请教就更容易啦。

永远不要有任何思想包袱，永远不要小看任何一个人，"三人行必有我师"，咱们不仅仅会在嘴里背，还要落实到行动上。

4. 学着换位思考，互相理解

学校办公室主任有时候在工作群里发消息，要老师们提交一些文档，我只要看到消息一定是赶紧提交。但我有一个发现：大家并不是我想象中的一呼百应，甚至早晨发出的提交要求，到了傍晚还有几个人拖拖拉拉地需要千呼万唤始出来。"抱歉，才看到。"这句话的出现频率很高。

我心里豁然开朗：教师算是一直需要在电脑前工作的人，算是手机上都装着 QQ 和微信的人，尚且还不能及时接收信息，完成提交，更何况各行各业的家长们。

有的家长是白天睡觉、晚上上班的，有的在超市工作，有的在修地铁，有的做生意，有的在建筑工地，有的送外卖，有的开公司，有的照顾二胎三胎……

他们并不全是一直能够看手机、看电脑的人，所以有时候班主任在家长群里发很多消息总有家长杳无音信，甚至有时候打电话都没有人接。放在过去也许班主任心里又急又气，但是看了教师群的提交情况后，是不是心平气和了很多？

你以为只有我们班主任在耐着性子一个个催交家长提交表格吗？不，家长们也在耐着性子配合班主任，哪怕他们在生活里也正遇着难题。

也许有的家长在接到班主任的催促电话时语气不那么耐烦，不那么友好，也是可以体谅的，家家都有本难念的经，人人都有点焦躁的脾气，教师的专业素养中很重要的一条是能够掌控自己的情绪，把该说的平静地、友好地说完就好了。

5. 修身养性，成全自己

我能保持好心情的很重要一个原因是，我能在出世入世间自由切换。

做美食、听音乐；去乡镇田野走走，去一方茶室休闲；约着亲人或是知音、发小聊一聊；或是一个人在飘窗上发呆，都很好。

浮世红尘，不尽如人意的事十之八九，能有一两个顺心事就是小确幸，最好能学会心怀感恩。

记得有个朋友向我求助：读初中的女儿很懂事，成绩不错，我很少操心；可是读小学的儿子，顽皮毛躁不听话，成绩让人担忧，每天管着他却一点也不见好，心里特别烦恼，怎么办？

我说："我说一句话你肯定就不烦恼了，你何德何能？"

"你何德何能"，老天要给你两个听话懂事成绩好的孩子？给了你一个你还不知足，那要是你两个都不好呢？

"你何德何能"，自己文化水平又不高，凭什么你的两个孩子成绩都很好？

"你何德何能"，你两个孩子身体都很健康，你还不知足？那要是孩子身体不好一天到晚要去医院，你还会那么在意他的成绩吗？

……

知足常乐，是一个人活在这个世界上长寿的重要因素。你现在工作时烦恼着层出不穷的事情要应付，各种忙碌，其实换一个角度看，能够忙碌着是幸福的。

人在生病时想着要是能够去上班多好啊，上班时想着要是放暑假了多好啊；小时候想着能够长大多好啊，长大了想着回到童年多好啊……

与其想一些不切实际的念头，不如学习如何让自己在出世入世间自由切换。

欲望少一些，快乐就多一些；累了就看看天上的云，去操场走一走；若有苦，就找一个值得信任的人说一说；或者把自己交给一杯茶，心事沉浮。

有时候，一个人哭一哭也很好，让心里不那么沉重；在广阔的田野里走一走，看一棵野草的倔强人生，也会添加一些内心的力量。

深呼吸，告诉自己，生活就是生硬地活着、生猛地活着、生动地活着。

好的坏的，一切都会过去。睡一觉，明天依然生龙活虎。

班主任要守住自己的教室

■ 在教育这场持久战中，守住自己的阵地，是老师最难做到却必须做到的事情。

有老师问了我这样一个问题："于老师，老师不在的时候，全班学生说话现象严重，有好的办法吗？"

这样的求助，其实反映出一个问题：太多老师希望自己的班级能够完全自律，即使是老师不在的时候。

我相信有些厉害的老师能做到，但我更加相信大多数老师做不到。常常半路接班的我有自知之明：至少在一年内我做不到。

我的带班第一招是"守"。

1. 守住几个时间点

比如早读课老师还没有进班，但是大部分学生已经到班时，这是学生抄作业和吵吵闹闹的时候；比如预备铃声已经响了，但是任课老师还没有进班时，这是桌面凌乱、学生说闲话的时候；比如做眼保健操、上自习课时，尤其是学生没啥作业的时候或者作业不会做的时候；比如个别掌控不住班级纪律的老师上课的时候……

那就去班级转转呗，常在这些时间点盯一盯，不用大吼大叫或者训斥学生，安安静静地在那里，这本身就是一个强烈的暗示。渐渐地，学生就知道我的习惯了。

2. 守住我的老位置

我在教室最后正中间放了一个凳子，当我在那几个时间点进班级，教室里安静下来后，我就在教室后面的这个凳子上坐下来，欣赏课代表在讲台前的领读，直到任课老师进班级。

时间长了，我就在那几个时间点直接坐在那个凳子上，这是我对领读的课代表的大力支持和配合。

3. 守住班级正能量

我转班和坐着的时候虽不说话，但也没闲着，我的手机拍下了大量的美好：

课代表自信领读的样子，某同学专心致志紧跟课代表的样子，学生自习课上认真做作业的样子，不懂就请教问题的样子，一板一眼做小老师的样子，走过窗口学生正抬头专心听课的样子……

我会把这些照片汇集到班会课，经过我的美颜和修饰，一张张都呈现出美好的气质，学生眼中的惊叹一目了然。我想在班级弘扬什么，都是通过这样静悄悄地播放达成共识的。

4. 守住优美的环境

很多老师说自己的班级早晨还挺干净，但上了几节课后，尤其到了下午，就到处是垃圾和歪歪扭扭的课桌了。其实是没有做好"守"这个字。课桌椅根据地面瓷砖定位，做眼保健操时指定专人在过道里来一次小打扫；关注教室垃圾桶周围环境，老师自己转班时也经常顺手理理讲台，捡捡小纸屑，榜样的力量是无穷的。

一个在优美环境里生活的人，内心是比较宁静的。一旦班级卫生变得脏乱差，破窗效应会在各个方面扩大开来。

5. 守住班级小助手

我要求班长在预备铃声结束后喊一声"安静",此时我也已经在后面凳子上坐下来了。如果自习课某位任课老师要用一点时间,等他结束后,班长就会来办公室喊我,做好交接班。

守,就是一个明确的信号:我一直都在。等一年半载,学生静心学习的习惯养成了,我就可以渐渐放手,时而在,时而不在。

记得有一年,我去一家百年老店吃东西,和店主人交流时问他:"百年老店的秘诀是什么?"他回答我:"守。"想想也是,这个字就是一个屋檐下的方寸之地。我作为老师,守着我的班级,守着我的一亩三分地。

很多老师新接一个班级,或者半路接手一个乱班,都想赶紧抓成绩,学生也被班主任新官上任的三把火搞得烟熏火燎、心乱如麻,这样适得其反。

我的带班第二招是"定"。

新接一个班级,我思考更多的是如何让这个班级的人心安定下来,宁静方能致远。

1. 班级定位

每次若接手成绩倒数第一的班级,第一天我就会给自己的班级定好位:现在是倒数第一,接下来争取倒数第二就可以,不给自己任何压力。

别把自己当神仙,别心急火燎恨不得三板斧就劈出个新天地来。

这样的定位建立在认真分析班情的基础上,是一项长期的艰苦的"烂尾楼"改造工程,需要准确分析,慢慢整改。

同样,老师接一个全新的班级也是如此,假如急于求成,而没有守着自己的班级和学生,没有定心定力,肯定失败居多。

2. 岗位固定

我发现，人在做自己擅长的事情时，内心是宁静且有成就感的，班级管理同样如此。

比如班长，假如他需要管理的事情太多，势必手忙脚乱，内心慌乱不安。因此，岗位的固定，就是培养一个熟手的过程。

我的班长新上任时，我要求他在预备铃声结束后喊一声"安静"，以及教室里如果没有其他老师上课时要到办公室喊我，除了这两个工作，他就是观察我如何管理班级的。

比如，我习惯在教室有点暗时开灯，下课后拉开窗帘开窗通风。

当我开始做这些事情时，班长也会来和我一起做，有了默契后，眼神示意就可以了。

渐渐地，学生发现班长的存在感，因为他一直在做一些我常做的事情，班长的威信就呈现出来了。

课代表同样如此，同为英语课代表，你负责收作业，他负责跑老师办公室，她负责上台领读。

每个人练出自己的专项能力，事情就能够完成得又快又好。

3. 信念坚定

接班时，很多问题学生都有点定型了，比如这个学生是作业"老赖"，那个是上课"睡神"；这个总是下课惹事，那个总是在课堂干扰别人……假如一个老师眼睛里只看到这些，心里只记得这些，那么基本每天都是心塞的状态。

我常常给自己打气：人心都是肉长的，他们还只是初中学生，就算定型了也只是刚刚定型，还有改变的空间。既然我接了这个班级，那就该有所作为。

我对这些学生说：以前种种都已经过去，我只在乎你的现在。这样的话也是给自己一个坚定的信念：用一种全新的眼光去看他们。

4. 心态笃定

很多人问我，接倒数第一的班级，可是看不到你训斥学生，怎么做到的？

说出来你别笑，每次遇到问题学生时，我都会对自己说："庆幸吧，你儿子不是这样。既然是别人家的孩子，我要是把他们改变了，那就是对他们整个家庭做出巨大贡献了。要是没有改变好也没事，他们还有长长的人生路，将来总会遇到一个能够让他们变好的人的。"

这样想一想，就度过了最愤怒的 6 秒钟，情绪已经比较稳定了。

接着让学生和自己都坐下来，跟他说："我们一起来解决问题吧。"

当你跟学生说这句话时，就是对自己的一种心理暗示：做老师的是成年人，要和学生一起解决问题，而不是激化矛盾，把本来就很棘手的事变得更加糟糕。

对，"成年人"这三个字，是一个老师必须经常对自己暗示的内容，班主任可能比其他任课老师更需要做好自己的情绪管理。

一个家庭中，情绪稳定平和的父母，更可能带出幸福快乐的孩子；一个班级中，情绪稳定平和的班主任，更可能带出阳光热情的学生。

一个"守"字，其实是一种长期的坚持，心无旁骛；一个"定"字，其实是一种长期的坚韧，远离心浮气躁。

在教育这场持久战中，守住自己的阵地，像神针一样定在那里，是老师最难做到却必须做到的事情。

一起来修炼自己吧！在修炼的过程中，内心会逐渐强大，渐渐地你会发现，天地宽广了很多。

班主任要"管住嘴"

■ 管住嘴，不说话，是遵循我给自己定的一条教育原则：不惊扰。

一天中有很多时候，我静静地坐在教室后面的空凳子上。

清晨，学生们做着两道数学基础练习题的时候；早读课前，任课老师还没有进班的时候；预备铃响后，课代表在讲台前领读或者提问的时候；中自习前，任课老师还没有来的时候；傍晚延时服务的时候；完整一节自习课的时候……

我静静地坐着，不说话。当我安静坐着，教室里也是安静的。学生们做完数学练习，自己交到讲台上，回座位看书复习，准备语文、英语、历史等默写。有时我会站起来，在教室里慢慢地走一圈，有点走神的学生会回过神来，继续专心做作业。

一个老师，尤其是班主任，最难管住的大概是自己那张嘴巴。我安静地坐在学生身后，不说话，以免一张嘴就是对某个学生的批评。管住嘴，不说话，是遵循我给自己定的一条教育原则：不惊扰。

当学生们做作业时，如果我说，"某某某，写字抬起头来一些！""某某某，你还不快点做，谁谁谁已经写了好几道题目了！"……这些话是对全班学生的一种干扰，学生无法静心思考；耳朵里聒噪，无法做到专心致志。

要是哪个学生写字趴到本子上了，怎么办？悄悄走过去，做个把头抬起来的手势就好了；谁磨磨蹭蹭的，掏出随身携带的小贴纸，写一行字：动作快一点。悄悄走过去，放在学生桌上就可以。

我上语文课的时候，有个学生不认真听课，做各种奇怪的动作，也不做笔记，严重影响我的讲课心情。看他时，他更是有点"人来疯"，各种奇怪动作的幅度更大了。那就不看他，移开眼神。

课比天大。你的眼睛，还要看到其他那么多认真听课的学生。把课上得更加生动，和学生们的互动更加有趣些，竖个大拇指，"厉害呀"，口袋里掏出准备好的各种漂亮小贴纸，放到问题回答得漂亮的学生手里。

他终于沉不住气了，高高举起手想要回答问题。你"终于"把眼神移到他那里了，喊他回答。只有他表现好的时候，你才会看到他。这是通过一次互动给他的信号。

他做奇怪的动作，你不要做他的观众。别用突然点名指责的方式，这样会惊扰其他学生，浪费课堂时间；别用突然提问他的方式，希冀让他吓一跳后认真听讲——他不在听，怎么可能回答正确？

课后把他喊出来，把没记的笔记让他补好，没有认真听的地方再讲一下，让他回答一下。他就是来磨炼你的性子的。

鲁迅在《朝花夕拾》中怀念藤野先生，读完觉得鲁迅笔下的藤野先生也没啥呀，不觉得伟大。可是静下心来想想，除了关心学生和治学严谨，似乎还有点什么，这个老师是可以给我们这些做老师的人以启发的。

藤野先生担心鲁迅因为语言的问题做笔记吃力，他没有问"你行不行呀，听不听得懂呀"，而是关照鲁迅隔几天就把笔记给他看，他一声不响做了纠错和补充；他纠正鲁迅的解剖图时，没有气急败坏地训斥，而是淡淡地说"你这样画是好看一些，但是解剖图不是美术画"；他担心鲁迅会因为敬畏鬼神而不愿意做解剖实验，他没有喊鲁迅来询问行不行呀，敢不敢呀，而是等鲁迅做了解剖实验后对鲁迅表达了自己高兴的心情；临别时他赠送了自己的照片给鲁迅，还在照片后题字"惜别"……

以上种种，如果藤野先生是我的老师，也许我也会印象深刻、怀念久远。他的教育做得安安静静、温和淡定。没有声嘶力竭，而是不惊不扰。

打造友善的班级文化

■ 生活在友善的班集体里的孩子，一定是阳光灿烂的。

我是一名初中语文老师，做了 32 年班主任。如果不是化学老师和我散步时无意中说的一句话里提到了"友善"，我还真没有往"友善"这个词语去想我的班级。

以往同事们对我们班级的评价大多是"班风班纪很好，学生对老师很好"。

快 20 年了，曾经和我搭班过的英语老师回想起她当年怀孕，我们班学生把她当国宝照顾时的情景，还会热泪盈眶。

化学老师来自另一所学校，到我所在的这所学校轮岗一年，和我搭班。她说："在我们班里上课很舒服，心里很宁静，没想到班级文化会有这么大的作用。"

1. 一间教室营造的美好生长环境

东西方向的教室，早晨朝阳刺眼，傍晚落日刺眼。如果拉上原有的厚窗帘，刺眼的光线是挡住了，但让人心情很压抑，蓝色的天空、清新的空气、微微的秋风，这些良辰美景都无法享受。

因此，我自己安装了白色的纱帘，既能挡住秋阳，又不遮挡美景。柔和的光线透进来，心一下子变得温柔淡定了。

原本教室里除了课桌椅和讲台几乎啥也没有，但想到学生都是读初三的少年人了，多少有点小隐私（如女生的护理用品），我就定做了一排带锁的箱柜，每人一格，蓝色和明黄色相间，配合着课桌椅和讲台边一米多高的黄色向日葵装饰，在白色地板和白色纱帘的映衬下，整个教室明亮雅洁。

学生说，去别的教室里考试后总想着赶紧回来，坐在其他教室里会很想念我们自己的教室。

我想，学生之所以想念，除了班级和谐明亮的色彩给人舒适感，还有这个教室处处散发着友善的气息——

一抬头，黑板左侧就是一天的课表，是当天的值日班长工工整整地填写的，方便学生看一眼就知道下一节是什么课。

清早到教室，学习委员已经用1、2、3、4、5在黑板上罗列了要交的作业项目，学生只要按照这个次序，把作业本从我送给他们的每人一个的作业袋里取出来放在桌子左上角，就会有相应的负责人来收走，不用自己交，更不用担心作业本上交后不翼而飞。

每天早晨，学生在小纸片上解答完两道数学方程式后，走到教室边上的空置区，就会有英语小老师带着他们朗读当天要默写的单词和句子。

学生要是早晨急急忙忙来不及吃早饭，也不用着急，教室后面的柜子上有个临时救急早餐箱，里面有饼干、面包等各种食物，只管拿了吃，不用担心吃光了会断货，家长们一个个会自觉接龙购买后送过来。

傍晚延时服务的最后20分钟，时间开放，学生如果有不会做的题目，可以自由向同学请教。

如果傍晚放学时下雨，学生却没有带伞，不用着急，一次性雨衣就放在走廊里等着他们取用，男孩黄色、女孩粉色。

下雨天，湿淋淋的伞怎么处理，走廊一隅就是伞架，只管放进去。

学生要是不小心擦破了一点皮，盆景边上的小篮子里就有一次性创可贴，拿一片一贴就没事啦。

课间任课教师来找学生面批作业，不用低头弯腰劳累，门外放着桌凳，师生笃定坐下来慢慢交流。

......

如果你是学生，是不是也会留恋这个班级处处散发的温暖友好的气息？我就是这样的班主任，把自己读书时梦想中班级的样子搬到了现在的教室里。

2. 把接收到的友善投射出去

当一个学生生活在一个环境舒心、做事方便的教室里，他一定渴望身边的那群人友善地接纳他。

为了满足学生这样的内心需求，我设计了"每日一记""任课老师夸夸你""小伙伴帮帮你""你的努力被看见""盲袋忙拆"。只有学生想不到，没有做不到。

"每日一记"是师生文字互动的载体，基本格式由我设计好后，交给网店印刷成漂亮的小册子，学生人手一本，每本小册子可以写两个月的日记。我每天都会阅读每个学生的喜怒哀乐，以一个朋友的身份出现在"每日一记"的评语中。

"老师，我爸又喝醉酒了，又咳又吐，让人担心。他不喝酒的时候其实还挺好的，一喝酒就变了个人，见到狗都恨不得要和它打架，我要是说句啥，他就要骂我、打我。"学生委屈地向我倾诉。

"看得出，你还挺担心你爸爸的，毕竟你爸爸人到中年了，喝酒伤身。下次你爸爸喝醉酒，你尽量在自己房间里别出来，不要惹恼他，等他酒醒了再和他好好说话。"

我教她保护好自己。同时，我把女孩的前半段话"我爸又喝醉酒了，又咳又吐，让人担心。他不喝酒的时候其实还挺好的"用微信发给她爸爸，同时友善提醒："你女儿很爱你哦，中年人要爱惜自己的身体，别让孩子为你担心呀。"对方不好意思地回复我："谢谢老师！"

"任课老师夸夸你"主要是夸学生的努力和进步。在我设计的"夸夸纸"上，任课教师会书写"默写满分，你的努力值得尊敬""上课发言积极，紧跟老师"等鼓励的话，并署名、盖章，学生便开始比谁能集满所有任课教师的"夸夸纸"。这些"夸夸纸"都被学生装入教室走廊上每人一个的成长袋里。

　　"小伙伴帮帮你"主要是利用班会引导学生互帮互助。只要有学生在日记里倾诉烦恼，我都会将其设计成小伙伴一起来帮帮他的环节。如，小晨在日记里苦恼地告诉我："成绩越来越差了，周围的人都在进步，我心里很着急，其实我也想提高成绩的，可是一团乱麻，不知道从哪里做起。"我征得小晨的同意，在班会上设计了"来帮帮小晨"的"你一句我一句"环节。学生朝夕相处，对小晨情况的了解远远超过教师。你看——

　　"小晨对我说，他每天回家都累得很，回到家吃了晚饭就睡觉。我在想，这一睡，等醒过来都要晚上八九点钟了，再起来做作业，就会做到很晚，根本没办法认真完成，效率其实很低。而且睡得晚，第二天上课会打瞌睡，这样就没法认真听，做作业当然就吃力了，这就是恶性循环。"

　　"小晨忙于应付作业，没有认真完成口头的朗读、背诵，第二天默写就很差，课间就要重新默写，这样自己就会很累，没有学习的成就感。如果他复习好了，默写满分，那么就算累也是很开心、很有成就感的。"

　　"小晨总觉得自己很糟糕，我觉得他不应该给自己负面暗示。他只要真的认真，还是可以做出一些题目的。"

　　……

　　小晨连连点头，在当天的日记里写道："真是一针见血，同学们的意见都很真诚，非常感谢他们。"

　　"你的努力被看见"这几个字贴在教室外的墙壁上，那里有全班每个学生的姓名贴，各科的默写满分纸，会被学生贴在自己的姓名贴位置上，有很多学生已经有了厚厚一沓，看着特别有成就感。任课教师有时也会去翻看，喊一声："某某，厉害呀，有这么多满分纸了呀！"走廊里来往的师生常常为这些满分纸注目、驻足，也给了学生很大的荣誉感。

"盲袋忙拆"是学生特别喜欢的一件趣事。类似于糖果大小的一个盲袋，拆开来是一个指甲大小的"动物"，用学生的话来说是"丑萌丑萌的""软萌软萌的""可可爱爱的"。学生每次拆开盲袋都会得到一个惊喜。很多学生已经用满分次数兑换了很多动物盲袋，家里的书桌一角就是小小的"动物园"。

"老师，我抽到一个独角兽！我查过了，独角兽代表的是高贵纯洁，是神话传说里的生物。""老师，我抽到的这只猫和我们家养的真猫几乎一模一样，只是个子小，这也太巧了吧！""老师，我想考某某中学，听说学校里有黑天鹅，没想到我今天居然抽中了一只黑天鹅！"

3. 在和谐的环境中，分泌更多生长因子

教室环境能给予人安全感、舒适感，班级需要是有爱、有趣的群体氛围，而班主任自身给予学生个体的友善同样必不可少。

小焱在日记里说，他因为口腔溃疡，嘴巴喝水吃饭都有点痛。考虑到小焱的父母都在外地工作，家里和他一起生活的老人也年纪大了，我买了药给他。小焱在第二天的日记里写道："一位老师能够把学生无意中的一句话放在心上并专门买药，我真的没有想到。我不是个善于言语表达的人，可是我想说：老师，我爱您。"

小马成绩很差，我担心他会气馁厌学，就在日记里告诉他："我觉得你腰板挺直，从来不弯腰驼背，就凭这一点，我就觉得你已经胜过很多男孩子了。一个身正的人，一定是对自己有要求的人，所以我看好你，期待你。"第二天，小马的日记本封面上多了一行字："认真踏实过好每一天。"他也开始行动了，坐在他身边的小杰说："他像变了个人，居然开始认真上课了。"

小文是个"气短"的女生，读书上三天打鱼，两天晒网，昨天还发狠说要努力，今天上课就偷偷吃东西、看小说。面对这样的学生，我没有厉声批评，而是悄悄地找她谈话："你的日记我很喜欢看的，文字很有灵气。我一直想好好

培养你的写作能力，可是你的很多功课都不行，我不敢占用你的时间。我心里真的很想和你多聊聊写作，我是把你当成一名才女的……"小文的眼睛睁得大大的，大概怎么也想不到我会这样评价她、期待她。她后来说："老师，我每次想要偷懒时，总会想起您说的'才女'两个字，都不想偷懒了，我不能辜负它。"

……

放学时，我站在门边，和学生挥手微笑说再见；走在路上手里搬着东西时，学生跑过来说"老师，我来"；每次我喊一声"我需要三个志愿者帮忙搬东西"，班级里总会"高手林立"；其他班教师来借班上课，课后总会感慨"你的学生那么热情，拼命帮衬我把课上好"。

很多教师问我："初三了，为什么你们班学生每天都那么阳光灿烂？"我想说：生活在友善的班集体里的孩子，一定是阳光灿烂的。

这个友善的班集体，确保了学生生理上的需求（如应急早餐）、安全上的需求（如没有人欺凌）、感情上的需求（如"每日一记"里与教师的心灵沟通）、被尊重的需求（如教师、同学都尽力互相帮助，没有讽刺、挖苦、打击）、自我实现的需求（如"我的努力被看见"）。

人在某一低层次的需求相对满足后，就会向更高层次发展，追求更高层次的需要就成为发展的内驱力。

这个从低级到高级的发展过程，一直浸润在友善的氛围中，人的内心就会产生很大的愉悦感，哪怕学习生活很劳累，也能做到累并快乐着。

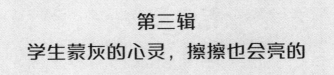

第三辑
学生蒙灰的心灵，擦擦也会亮的

学生的心，无论蒙过多少灰，我们擦一擦，也会亮的。

学生蒙灰的心灵，擦擦也会亮的

■ 学生的心，无论蒙过多少灰，我们擦一擦，也会亮的。

当我轮岗到农村中学又一次接手初二班级做班主任时，老规矩，不用我问，自然会有一群人来向我描述这个班级的烂。

前任班主任到市里去轮岗，她问我："你在这里一年还是两年呀？"我心领神会，要是一年，这个班级还会还到她手里。从她蹙着眉头的样子，就看出她之前花了很多心思但结果让她失望。

她向我详细描述了几个"特殊学生"，说到其中一个学生小山，前任班主任说："他知道老师的软肋是什么，学校最怕什么，他就用这个来威胁学校。所以真心拿他没办法。还有学生成了他的小跟班。这个班级被这几个问题学生搞得无法静心上课，所以成绩一路掉下来了。"

大家猜猜？老师的软肋是什么？学校最怕什么？两个字：安全。

所以这个学生在初一时被老师批评一下，就说要跳楼了，还真的爬了上去，虽然最后有惊无险，但领导和老师吓坏了。从此谁还敢和他多啰唆？到底是不是心理有问题，真要跳楼还是威胁老师，谁知道呢？谁敢掉以轻心呢？

"凌晨两三点还在街上逛呢。"前任班主任说，"家里也拿他没办法呀"。

果然开学报到那天就见着他了，他一边搬书一边嘴里叽里咕噜，在人群里他大声喊道："老师，我就一个要求！运动会别让我跑一千米了！"

我心里笑：这话，看似傲娇，其实是变着法子让我知道他是个运动健将，在我这里刷存在感呢。我不理他。

发完书大家一起看开学第一课的视频，他趴桌子上开始睡觉了。我还是不理他。

报到结束后，我放了学，但我喊道："小山，你留一下，我有事找你。"其他学生一阵笑，幸灾乐祸的笑声里藏了潜台词：看，新来的班主任已经知道他是个问题学生了，留下来他，肯定是要开始教育了。

他很不爽地坐在我面前，教室里只剩下我和他。其实我把他留下来就是想让他的小跟班先走，不让他们混在一起，先在时间上拆开一下。但把他留下来到底说什么，我真没想好。

"老师，你到底啥事情？"他不耐烦地问我。

我突然看到了他厚厚的眼镜片，心里有了主意。

"你眼镜几度啊？"

他一惊，"七八百度吧。"

"我看侧面镜片很厚，你摘下来眼镜，让我看看眼球凸出来没有。"我做了个摘眼镜的手势。

他顺从地摘了，整个人也从剑拔弩张的样子放松了下来。

我凑上去看他的眼睛，"还好，还没有凸出来，那你要特别注意坐姿了，我看你上课就是趴桌子上的，眼睛和书距离太近了，焦距有问题，眼球会凸出来。眼睛要用一辈子的，就算书没有读好，也要护好自己的眼睛"。

他吃惊地看着我微笑的脸，我猜他心里在想：把我留下来就为了说这些？

"我说完啦，你今天搬书也累了，回去休息吧。那个运动会跑不跑一千米的事，以后再说，运动会还早呢。今天先谢谢你为班级服务，我看你搬书搬得挺多的，辛苦了。你走吧。"

他慢慢站起来，往门口走。

"哎，跟我打个招呼呢。"我喊道。

"老师再见！"他转身跟我挥手，脸上带着局促，带着微微的笑意。

开学第一天，上课时我在教室里走动讲课，每次到他身边，就点点他的后背，示意他别趴桌子上。他坚持了半节课，还是趴下了。

下课时我喊他去德育处送个材料，他有点吃惊。

"能找到吗？新学校，我都不知道德育处在哪里。"我示弱。

"能，我去！"他赶紧说。

他走后，我开始批阅学生日记，翻开他的，上面的作业记录一个字也没有写，下面的日记只有一行字：我学会了打篮球。

我留言："是假期里学的吗？打篮球能长个子，也能学习体育规则。很多人写'篮球'的'篮'字容易写错，你挺好的。"

他送完材料回来，告诉我送走了。"谢谢你！辛苦了！"我说。

第二天他的日记写了两行字："我要为班集体做更多力所能及的事。"上面的作业记录都写了。我在作业记录那里写道："记得很完整，表扬！"又在下面的日记那里留言："你每节课下课来为我做点事情，我这还有一些东西要交给德育处，就是那个教我们班级美术的钱老师。也希望你的日记多写一些字，毕竟是初二的人了。"

第三天他的日记写道："我为什么上课常走神和犯困呢？睡觉也就九点左右。为什么老师上课我听得不是特别懂，特别是数学和英语，好烦啊！"他的字有点大，把日记格子撑得满满的。

我留言："走神和犯困，其实是因为上课听不太懂的缘故，听得没劲就会犯困了。估计是初一没好好听，就掉队了。我能理解你的苦恼，其实你心里也是想要学好的。慢慢来，听懂一点是一点，我来帮你安排小老师教你，你自己不懂就问。"

他若是真的无所谓了，真的死猪不怕开水烫了，怎么会有这样的烦恼？人的内心总有要向上的力量，我心里有了些许喜悦。

周四的傍晚，我给每个学生发了一张空白的卡片，想给哪个老师写就给哪个老师写，尽量多写几个字，别喊空洞的祝福，写真诚的话。我这样做了布置。

周五早晨把卡片收起来，根据写给哪个老师的进行分类，让课代表给各科老师送去。

我的面前有一堆写给我的祝福，我一张一张翻阅着，数学老师看完了写给她的，说："好感动呀，好多小细节，都被学生观察到。"她又好奇地凑上来看写给我的。

"哇，也太有文采了，'你着一身青衣，见了你才明白什么叫腹有诗书气自华，幸得识卿桃花面，从此阡陌多暖春。遇到你，如春水映梨花'。于老师，这也写得太好了吧。"数学老师感慨着，突然说道："这里有一张没有署名，我和你都新教这个班级，认不出来字呀。"

我拿来看了一眼，"我认得的，是小山写的。"

"啊，他写的？快看看他写了啥？"数学老师急急地说。

我也急着想看，就凑一起看了。

"感谢于老师对我的关爱。我感谢您把我这个爱说脏话、爱干不良事情的少年拉回正道。我希望我也可以读一个好一点的高中，奈何我基础太差了，由于我初一自暴自弃，不好好学习，导致了我现在的状态，在此我很抱歉，不好意思，我只能在用力气方面帮老师做一些事情。由于我以前被当成了一个混子，在班级里没有得到什么尊重，不过我会改变自己的，在这里希望老师身体健康，万事如意。我的字不是很好看，请老师不要讨厌。"

我差点落下泪来。

"很真诚，真是想不到。"数学老师感慨道，"他感受到你对他的尊重了。"

那天，我选了9张学生写给我的卡片，发了一个朋友圈，把他的那张放在最后一个。我写道：最后一个，也很让我感动。学生的心，无论蒙过多少灰，我们擦一擦，也会亮的。

我的朋友们在下面留言道：他也可以成为闪着光的人。

来自学生的真诚情谊

■ 一个老师的所作所为，学生是看在眼里的。

暑假的一个傍晚，手机 QQ 上跳出来了一张照片。

是已经毕业了很多年的学生小霜发来的。"有没有发现什么特别的？"她打出了这样一行字。

我仔细看了一看，没发现啥特别的，"四种颜色？"我试探地问。有时候，学生古灵精怪，突然那么认真地发问，我还真是有点应对不来。

"不是，提示一下，形状。"她发了一个斜眼睥睨的表情。

我左看右看，上看下看，正不知道回答什么时，她已经耐不住性子了。

"其实，我想说的是，那个发光的地方，像不像一个长头发的人？看到这片云，我就想到你了。哈哈，就想发给你看看。我就是往窗外一看，好巧的。现在已经不是这样的形状了。"她发了一个摸着头嘿嘿笑的表情。

我心里柔软成一片云，幸福的感觉水雾一样蔓延。

那一年，我来到小霜所在的学校，接手两个初三班级，担任小霜所在班级的班主任。那一年在我的教育生涯中称得上"浓墨重彩"的一笔，艰难的程度我自己后来每每回想都感慨万千。倒不是因为学生难弄，而是个别任课老师营造的斯德哥尔摩效应让我万分痛苦。

记得开学第一天傍晚，我布置完了回家事项后，对学生说："放学了，走读生抓紧回家，路上小心。寄宿生赶紧去食堂吃晚饭，洗洗澡，头发一定要吹干，再来上晚自习。"说完，我先回了教室对面的办公室放东西，心想着给学生一两分钟理好书包的时间，然后我在教室门口和学生说再见。

等我回到教室门口，惊讶地发现学生们坐着一动都没动，"回家呀，都愣着干吗？"我奇怪地问。

"某某老师说要来讲题目的。"学生们齐刷刷地回答我。

我惊呆在那里，看看手表，就算现在立刻来讲题目，讲个十来分钟，寄宿生也吃不到晚饭了，更来不及洗澡洗头了。

"那寄宿生的晚饭怎么办？"我担心地问。

"饼干，泡面。"他们面无表情地回答我。一切都是习以为常的样子。

"放学，回家，寄宿生立即去食堂。我是班主任，放学我说了算！"我使劲一挥手，"走！"

学生们愣了一下，反应过来后，寄宿生立刻蹿出门去。

其实，我刚来这个学校时，就已经耳闻某某老师特别认真负责，考试成绩特别好，但是 TA 所教的班级除了 TA 教的科目成绩好之外，其他科目全部不行。学生们怕 TA，所有时间都用来学 TA 的这门功课，课间十分钟也都是排着队一个个把订正好的作业给 TA 批改。其他科目的课上，学生们也是赶着做 TA 的作业，要是没有完成，放学后就会被留下来到很晚。

也因为这样，学生们被斯德哥尔摩效应笼罩，怕 TA，顺从 TA。

那个晚自习课间，寄宿生们向我倾诉了他们的苦恼：想好好学各门功课的，但是实在是必须要全副精力学好 TA 这门功课，实在没有办法再去对付其他功课，而其他任课老师也有点自暴自弃，知道没有办法和 TA 较劲，索性就不抓学生了。所以很多学生就算这门功课考得接近满分，总分也很难看，没法考上好高中。

在和任课老师的交流中得知，老师们为了抓学生，经常和 TA 爆发矛盾，但是又无可奈何，班主任都不愿意和 TA 搭班。

难怪我一来这个学校，就这样和 TA 搭班了。

人心都是肉长的，一个老师一定会有 TA 应有的素质，也许从另一个角度去观察，会得出不一样的结论。

TA 的课堂效率特别高，学生听课时脖子都是伸直了，眼睛不眨的，师生之间一应一和特别好；TA 虽然对学生很凶，但是说出来的话都是针对学习，没有人身攻击；TA 特别在意学生考出来的成绩，几乎所有的时间都在批改作业和试卷，把自己累得要命；TA 只要逮到时间就冲去班级讲课，有时候课间休息 TA 也冲过去了，只讲一道题目 TA 也觉得心安；那些调皮捣蛋的成绩很差的学生至少 TA 的这门功课是能够及格的，倒也有一些成就感，所以学 TA 的这门功课还是有积极性的，就是把其他功课都放弃了；TA 性格爽朗，讲话叽里呱啦，直来直去，没有坏心，开心的时候笑得像个孩子……

当了解了这些，我知道我该怎么做了，该如何破掉这个斯德哥尔摩效应。

分批召开小型家长会，强调每门功课平衡在初三的重要性；召开班会课，强调每门功课平衡在初三的重要性；教会学生晚上做作业先完成其他功课，再做 TA 这门功课作业；要求课代表在最左侧黑板公开当天各科作业，方便我了解作业的多寡，来做好协调工作。有时候我索性把语文作业当堂完成，课后不再布置笔头作业，坚决不让学生把作业做到很晚；有时候中午临近吃饭的课是 TA 的课，我知道 TA 总是拖课，快到铃声响时，就守在教室门口，若是等了五分钟还没有下课，就轻轻开门做手势提醒 TA 赶紧下课；若是当天最后一节辅导课是 TA 的课，拖课很久，有时候我提醒，有时候趁着校领导来看班级卫生情况，请校领导暗示 TA 抓紧下课；我若是早晨去学校马路对面吃面，总是给任课老师每人带一块大排骨，因为总有人来不及吃早饭就赶来学校上课；我外出旅游有当地好吃的特产，总想着给每个任课老师带一份；提醒学生提高 TA 这门功课的正确率，省得课间排很长时间队订正；我尽量多值晚自习，盯着寄宿生们提高效率，先完成其他功课，再完成 TA 的功课……

很艰难，这其中好几次差点就要和 TA 剑拔弩张，真的无法一一言说。很多次晚自习结束时，大风大雨飘雪的夜晚，我站在公交车站台上等车，泪水总是止不住地流淌。

但是，眼看着学生们家长们都转变了观念，眼看着TA也渐渐变得张弛有度，待学生有了温暖和体谅，眼看着班级上了正轨，成绩名列前茅，内心无比欣慰。而TA，也在学生毕业时，收获了来自学生的真诚情谊。

我的很多委屈，也就烟消云散了。

一个老师的所作所为，学生是看在眼里的。他们会以自己独特的方式来表达自己的内心世界。

晚自习我值班的时候，总有女孩子来我身边，靠在我身上，顺便给我捏捏肩膀；总有男孩子嘻嘻哈哈挤到我办公室，问我要糖吃；总有孩子回家返校时在我办公桌上放一小包家里带来的美食；抱着东西走在路上，总有孩子冲上来喊："我来我来！"

总有孩子神秘兮兮喊我："来看！"原来是一只很漂亮的小虫子。

那一年，我的头发长到腰际，有时候我把头发盘起来，有女孩子把我喊到角落，焦虑地对我说："你不要把头发盘起来，放下来。"

"为什么？放下来会热的。"我笑。

"可是……你盘起来，我看到里面的白头发了……"她眼泪汪汪地说。

我一愣，也想哭了，这一年，我实在是太操心、太痛苦了。

"没事，人总要老的，长白头发正常的。"我搂着她的肩膀说。这下她哭得更厉害了："我不想你老……"

有时候想想啊，石缝里长出来的草，根系越是发达；艰难里滋长出来的情，越是情深义重。

这一届令我难忘的学生，这一届令我难忘的任课老师，让我越来越明白，唯有把学生的身心健康和安全放在第一位，才是温暖有爱的教育。

小霜他们毕业很多年了，我们偶尔在QQ上联系，基本都是他们寒暑假来问候我。我知道他们很爱我，但是小霜看见一朵云貌似我的长发从而想起我，是我想不到的。

孩子的心，水晶一般清澈。

收到小霜云照片的几天后，我带选手参加班主任基本功比赛，天气太热，我室内室外跑，竟中暑了。到了傍晚稍微好一些后，打起精神在手机上听现在班级里的学生们QQ语音背诵打卡，我提醒学生们注意防暑，不要像我一样中暑了。

一石激起千层浪，学生们立刻一个个和我私聊，要我当心身体。

有个学生说："快点开学吧，开学了就有我们来照顾你了。"

我在泪光盈盈中打开了阳台上的门，看向远处的天空。

那里有一片云，红彤彤地发着光亮。

"佛系"男孩成长记

■ 我们很容易忘记了教书育人的完整性，也容易简单地把育人搞成考个高分。

班主任当了 32 年，从来不敢说自己什么样的学生都见识过了，这不，老同志又遇到新问题了。

我发现近几年来，"佛系"男孩越来越多了。

他们大多长得白白净净的，个子瘦瘦高高的，斯斯文文的，戴副眼镜，挺帅气。

他们人品都挺不错，性格很温和，难得与同学闹矛盾，甚至可以说对同学很谦让。

他们的家庭结构比较稳定，父母情绪比较温和，对自己孩子的态度基本不会走极端，不像有的家庭要么爱死，要么骂死。

他们的天资属于中上，就靠这一点天资，成绩不至于差到底。听课效率中等，作业质量中等，考试成绩中等。没错，都是中等。

遇到这样的男孩子，几乎所有的老师都会用善意的、鼓励的语气说："来，我们一起定一个目标，我觉得你只要再认真一些，刻苦一些，你肯定能超过某某某。你的基础不比他差，你的智商不比他差，你一定能行的。"老师第一次说这个话的时候，心里底气十足，充满了信心。

这不就是中等生吗？多给点阳光，多鼓励、多督促，就没问题啦。再说了，老师在说这些话的时候，这样的男孩子眼里也充满了对老师的善意，对着老师连连点头呢。

第二天第三天走进教室，老师一看，"中等生"果然在认真呢。身板都挺得直直的，精神状态都不一样了。不错不错，老师心里喜悦着。多好啊，要是"后进生"的教育也这样简单多好啊。老师心里想着，不由得看向那些"油盐不进"的顽皮蛋们，心里叹了口气：他们的基础太差了，和其他学生的差距太大了，就算想努力，也很难再爬起来了。学习对于他们而言，完全没有成就感，只是一种痛苦了。

可是不出三四天，老师就会发现，"中等生"男孩仿佛一个本来被鼓满了气的球漏掉了一点气一样，有点软绵绵瘪塌塌了。

"咦，一口气也太短了吧。"老师心里想着，赶紧再把他们找来，这次索性来个更明确的目标吧，让他们跳一跳够得着！老师在电脑上迅速地查阅了男孩几次大型考试的各科成绩，寻思着哪一门功课是可以短期内有所突破的。

"你看，你这门功课拖了你总分的后腿，你只要在这门功课上多花点时间，你的成绩肯定就会上一个新的台阶。你每天晚上做好笔头作业后，再花点时间搞一下这门功课。你可以把这门功课的资料放在床头，每天临睡前读读背背就可以啦。你觉得呢？行不行？"老师充满期待地看向男孩。

男孩诚恳地点着头，白净的脸上一双干净的眼睛，透着温和的光芒，使老师对男孩又一次升起了满满的信心。

"哇，×××这次默写满分了呀，真棒！"没想到男孩用功了一两天效果就这么好，老师心里笑开了花，"同学们，你们看，×××进步很大，一分耕耘一分收获，大家也努力哦，向×××学习！"

这一天，老师心情很好，也挺为自己的教育方法对头而高兴。果然功夫不负有心人，这样的男孩，只要多盯紧点、多谈谈心，为他制订一个学习计划、确定一个短期小目标就可以了。老师觉得自己已经掌握了对待这样的男孩的教育方法。

可是没几天，男孩的状态就恢复了原样。

你讲不出来他哪里不对，上课时他安安静静的，下课时他也不惹事，对待老师他也很温和，你说什么他反正是点头的，你鼓励他时，他也是眼神里有所感激的，他知道你是对他好的。

他仿佛一根橡皮筋，永远停留在不松不紧的状态。因为不松，你似乎找不到批评他的理由；因为不紧，他没有弹性，没有爆发力。

他像一团棉花一样，无论你如何用力，到了他那里，都没有反弹力。

几次来回，老师不由得叹了口气：可惜了，其实他只要用功一点点，真的是可以有很大的进步的，就是不知道为什么，坚持了几天就不行了。所以只能成为中等生。

老师不死心地又来了几个回合的鼓励，还动用了家长的力量，看能不能来个家校合作，到最后把能说的话都说完了，自己都觉得没劲了，也就只能不了了之了。

老师心里想：大概这样的男孩子就是这样的吧，缺了筋骨，没有力量，只能慢慢走着跑着，没法冲刺。他们对自己的要求不高，比上不足比下有余，差不多就好了，很"佛系"。

老师们在办公室里谈论的时候，也都感慨，不是所有的人都能成为佼佼者，有些人明明可以的，但就是自己不愿意吃点苦、下决心。

男生小威和小兴就是这样的人。我用了整整一年的时间鼓励他们努力，最后依然没有进展。站在教室里，看向他们的时候，我心里感觉无力。我想对他们说点什么，可是似乎再也找不到新的话来了。在上学期期末的品德评语撰写到他们时，连我自己都觉得语言苍白。

直到有一天，我看到了小威的"每日一记"：

"我不明白为什么人与人之间一定要有竞争，我在成绩上超过一些同学对我的人生有何意义？窗外的花开得那么美，阳光那么好。"

我的心里悚然一惊。我似乎有点明白我那么花力气激励小威却没有起色的原因了。

我的笔落在小威的"每日一记"本子上迟迟无法回复。我承认，他说的是有道理的。可是，在初三，有这样的"佛系"想法，似乎又是对他有些不利的。可我不知道如何去"教育"他。

我突然想起顾明远先生说的那句话："把竞争引入学习中，这是对教育极大的误解。"

当时看到顾先生这句话的时候，我有些不置可否，这么否定了竞争，那么让我们这些一线教师怎么操作呢？我们在激励学生的时候，不是常常告诉学生"你要细心一些呀，这个题目你明明会做的，可是做错了，三四分一扣，说不定就和你想要去的重点高中无缘啦。中考考场上，谁会让你一分呀？"

但是当我把顾先生和光明日报记者的对话仔仔细细看完后，顾先生说的"学习成绩没有排他性，学习要讲互相帮助，互相学习，共同进步"让我感触很大。

我们从小接受的教育中，时常出现"竞争"二字，我们这些老师自己也是一路"竞争"着读到了大学，然后在自己的工作岗位中被要求"竞争"，于是在我们所做的教育中，又自然而然地鼓励学生去"竞争"。

我们似乎从来没有想过"竞争"二字对不对，以至于当我们看到顾先生的话时，心里跳出的第一个念头就是"那我们还能怎么激励学生呀"？

无独有偶，没几天小兴的"每日一记"上也有了相似的一段话：

"傍晚放学的时候，天边的云霞是紫色的，路上的行人匆匆忙忙的，几乎没有人停留下脚步欣赏这样的美景。其实我很愿意在草坡上坐一会儿，看着夕阳慢慢坠落。"

眼前似乎闪现出一幅画面：小兴坐在绿色的草坡上，天边远处，夕阳的余晖渐渐落尽于远处的高楼后面。小兴的身边，是一只鼓鼓囊囊的沉重的书包。

忽然有一种想流泪的感觉。

记得周五放学前，我问："你们的周六周日是怎么安排的呀？"

"老师，我们几个等一会儿就要去培训机构考试，周六周日也都排了课的。"

有学生对我说。

"呀，那你们的晚饭怎么办呀？"我吃了一惊。

"我们有时候买点饭店的客饭吃，培训机构里也有客饭。"学生说。

我沉默了，看着那几个要去培训机构考试的学生背起了沉重的书包和我打了招呼后快速离开的背影，心疼不已。那些背影里也有小兴，他的父亲在上海上班，他的母亲经常上夜班，他傍晚回家也是一个人，把他放到培训班里，也是他父母觉得比较放心稳妥的办法了。

我无法想象如果是我，早出晚归周一到周五，不停地上课做作业，好不容易盼到周五放学，却要匆忙吃几口客饭就要跑去培训机构考试。周六周日继续在培训机构上课，下一个周一到周五再到学校上课，这样日复一日，我能否像他们一样平静地接受？

我想起有一天办公室外面走廊里忽然响起哭声，出去一问，是个初三的女孩子。她想到今天是自己的生日，打电话问父母可不可以今天傍晚不去培训班考试，被父母一口拒绝了，她情绪崩溃放声大哭。等我们老师想去安慰她时，她已经被几个同去培训班上课的朋友安慰好了，擦干了眼泪和她们慢慢地走了。

我忽然就想起鲁迅的《故乡》里麻木的中年闰土来了。

周六周日我游走在大自然里，看梅花闪亮在春光里，看柳枝轻摇在春风里，想起那些正坐在培训班里上课的学生们，想起小兴的那句"其实我很想在草坡上坐一会儿，看着夕阳慢慢坠落"，不由得鼻酸不已。

当我们感慨学生的作文越发干涩时，当我们叹息学生的生活常识缺乏时，当我们鼓励着他们加入竞争时，当我们计划着他们的未来时，我们只顾着喊着他们快点向上飞，却没有问一句："你累不累？"

那一天放学的时候，我在屏幕上放出了我周末拍下的春天景色：

"这是九龙潭的水，因为矿物质较多的缘故，它的颜色和一般的水不太一样；这是美人梅，大家发现没有，它开花的时候，没有叶子的……"

学生们发出一次次的惊叹声。

"我们班级有很多同学心里都有一颗美的种子，特别善于观察。小威、小兴、小昕他们都能在上学和放学的路上，观察路上植物的变化，用大自然的美来调节自己的身心，一天的学习劳累也因为欣赏到美景而烟消云散，真正做到了读万卷书的同时，也不忘记行身边路，赏身边景。下面，我们一起来欣赏一下我打印出来的小昕写的玉兰花片段，期待更多的同学能够把自己看到的美景和我们大家一起分享……"

　　渐渐地，"每日一记"中，学生们越来越多地写到了身边的景色，也有学生在文字里描述着家里老人做的某种家乡美食，在我朗读出来的时候，这些全部来自外乡的学生们，听得格外专注，等我读完，他们兴致勃勃地和同伴交流起自己家乡的某种风味小吃。

　　小威和小兴也来了精神，脸上笑意盈盈，不再像以前那么无精打采又强打精神的样子。我有一种感觉，教育有时似乎是挠痒痒，大概之前都没有挠到他们的痒处。

　　也巧，小玉的妈妈送来了青团子，每个学生和老师可以一人一个，我用热水焐热了，让学生们在下午当点心来吃。我展示了青草和打汁的照片，讲解了青团子的制作过程，每个人都特别高兴。

　　"吃得美食，赏得美景，学得进步，同伴一起前进"成为我们班级的新口号。小威和小兴、小屹组成学习小组，同伴互助。

　　小屹其实和他们不是一类人，他更多地沉迷于游戏，甚至半夜三更摸进父母房间偷偷拿了手机在自己被窝里玩了再偷偷送回去。每当我脑补这个画面时，都有点毛骨悚然。

　　但小屹却是小威和小兴的篮球伙伴，时间长了，三个人做什么事都在一起了，每次自习课结对子复习或者我的语文课上伙伴结对自学和讨论，他们仨总在一起。

　　小屹是体育委员，我决定从他那里得到突破。按照鲇鱼效应，只要小屹在学业上有了积极的精神和成果，就能带动"佛系"的小威和小兴。

冬天跑操的时候，教练在喇叭里喊："各班体育委员，喊口令，带领同学做热身运动。"小屹立刻有板有眼地大声喊起口令来了，教练在喇叭里马上表扬了他，让其他体育委员向他学习。这一天，小屹精神得很，放学的时候，我说化学老师缺个男帮手，你那么灵活能干，力气又大，就做化学课代表吧。

他涨红了脸，兴奋地冲着小威和小兴打手势，意思是"一起哦"。

一个月后，化学考试，小屹正好 90 分，是为数不多的高分之一。

当天的"每日一记"中，小屹告诉了我一个秘密：个子高高坐在最后一排的小兴竟然是近视眼！他说他也才发现，之前的体检，小兴竟然都是靠背视力表达到好视力的！就因为他觉得戴眼镜后会取不下来了，而他觉得自己不戴眼镜更帅！小兴上课基本看不清黑板，就靠耳朵听！

我很快找了小兴的母亲，让她带小兴去验光，最后配了三百度的眼镜。

那天我找小兴聊了近视眼不戴眼镜的弊端，比如长期视疲劳更会让度数加深，诱发斜视，影响生活质量。眼镜戴了就取不下来，越戴越深，是没有科学依据的。不戴眼镜，反而会使近视眼度数加深。

"这些知识，其实你们学物理凹凸镜和光线的时候，都教过的。学了要更好地指导自己的生活呀。"

"最糟糕的就是一直眯着眼睛，眼角都是皱纹。"我做了一个眯缝眼的样子，逗乐了他。

"劳累一天后，傍晚坐在草坡上，看一会儿夕阳，让眼睛休息一下。不过近视眼看风景，看也看不清，看太阳还要流眼泪打喷嚏。"他笑得捂住了嘴巴。

戴了眼镜的世界一定清晰起来了，眼睛是心灵的窗户，小兴上课时不再心不在焉，他挺直了身体坐着，整个人的精神面貌焕然一新。我们不再老一套的聊天内容更拉近了我们师生之间的距离，有时候走在路上相遇，小兴会远远地热情地向我挥手打招呼，而从前，他只是慢慢地走着，只有近到我身前，才有点慌张地和我打招呼。如今才明白，原来他是近视眼，看不清人。

小威的变化是在一节历史课后。那天学生们的"每日一记"有很多人提到他们的历史课讲到了中国近代史，讲到了第一个不平等条约，讲到了清朝末年的屈辱史。历史老师播放了一个 5 分 14 秒的视频，引发了学生们内心很大的震撼。小威也在"每日一记"里很是感慨。

我问历史老师要来了视频，自己认认真真看了一遍，在放学前，和学生们聊了一会儿。

"我也常常思考我们学习的意义是什么？从小的方面来说，是利己的。比如你们学了化学的酸碱盐，再去看洗发水瓶子上的塑料纸，看到写着 PH4.5，你就知道这个洗发水的酸碱度了。可是从大处说，难道就是为了做个精致的利己主义者吗？"

我读了小威的"每日一记"，他描写了一位送外卖的老人因为不熟悉线路而被顾客投诉，在雨里凄凉流泪，小威说自己鼻子酸酸的，想帮他又无可奈何。

"我想告诉小威，如果你明白了读书的意义还有从小我到大我的过程，你就不会再觉得苍白无力了。将来有一天，你用你所学创造财富，然后再做慈善回报社会，尽己所力帮助困难者，帮一个是一个，那时候，就是你人生价值最大化地呈现。"

小威激动得连连点头。

"天下兴亡，匹夫有责。永远不要让清末屈辱史重演！我们班级的名字叫弘毅，有远大的抱负，有顽强的意志，从小我到大我，从利己到利他，任重而道远！"

走出教室的时候，一场大雨扑面而来，那一刻，我想起《无问西东》里英雄飞行员沈光耀推开窗户望着大雨的镜头。

我的这些话，会在这些花季少年心中激起怎样的涟漪，不得而知。我只是觉得，作为一个老师，我讲完了这些话以后，心里很是畅快，我不是一个只会和学生说好好读书考个好高中的教书匠了。

周末我布置的作文题目是《……的你，真好！》，这是一个开放性的作文题，目的是让学生都能有话可写。

周一我开始批改时，小威的作文《成长的你，真好！》让我吃了一惊，工整的字迹，居然有点力透纸背的样子，读完之后，我差点流泪。不可置信中，担心他是抄袭。等我百度搜索后确定他是原创时，我心中顿然内疚不已：我竟然猥琐地怀疑了一个少年的顿悟！

"你的学习态度转变了，思想上的改变，仿佛为你行动上多了一个指南针……你的生活多了一些挚友，一些有趣的灵魂，他们将会一起陪伴你，使往日的孤独消失，充满了少年人应有的豪情……你开始意识到是时候停止对亲人的无理取闹，你拥有了一份爱的责任……从你接触到这个国家的近代史的那一刻，你对好好学习报效祖国的口号有了深刻的理解和答案，即使做不了一个名垂青史的人物，也要默默付出，无愧于心。这份情怀将成为你一生的信仰。"

"佛系"男孩小威、小兴，就这样慢慢又突然地成长起来了。

说他们慢慢，是因为在长达两年的过程中，我曾经绞尽脑汁却无计可施，无数次燃起希望又无数次失望。

说他们突然，是因为当我以为山重水复疑无路时，当我放下所有枯燥的说教与带着很大功利的鼓励时，当我以一个有趣的灵魂去面对同样有趣的灵魂时，一个转身，他们长大了。

做教师时间长了，很容易拘束在一个"小我"的格局中出不来，眼睛里只有各种问题学生和学生问题，只有书本、卷子、分数。嘴巴里只有学习、分数、高中、大学。

我们很容易忘记了教书育人的完整性，也容易简单地把育人搞成认真学习考个高分。

我曾经感叹小威和小兴把自己的人生活得颠倒了，把十五六岁应该奋发有为的年龄过成了五十知天命、六十而耳顺、七十从心所欲的佛系。

如今想来，他们笔下努力学习一天后坐在草坡上看夕阳的背影，多美！

魔鬼与天使，就在一念之间

■ 在追寻理想的路上，一定是道阻且长。

【背景交代：在昆山最东边的农村中学轮岗四年，两次半路接班。送走两届毕业生后，我又来到了昆山最南面的农村中学轮岗，接手初二班级，做班主任，教语文。我希望在退休前把城市、农村各种不同生源都教遍。年轻时，我想过当一个乡村女教师，没想到还真的实现了。中秋节时，有个朋友发消息给我说：你选择了新学校，选择了做自己，选择了很多人陌生的理想。哈，这段话我真是喜欢。但在追寻理想的路上，一定是道阻且长。没事，慢慢来！】

他跟你是两个世界的人，你说你的，他玩他的；把餐巾纸撕成一条一条，丢在地上一大堆；上课不听不记不做作业；每节课经常大声尖叫，大声地自言自语；把口水吐在自己桌面上，再自己舔掉；把口水吐在杯子里，吐了半杯，再自己喝掉；稍不开心就躺地上了，来回打滚；用脑袋撞墙、踢门，在走廊里大声地、凄厉地哭泣；课堂上经常突然就走出去了，不知道到哪里去了，到放学前又自己回教室了……

他叫小东，上初二了。

前任班主任给了我一沓小东在上海精神卫生中心的检查报告。

我知道你脑海里蹦出来的词语是啥。抑郁症？狂躁症？分裂症？多动症？

孤独症？

　　好吧，我告诉你，医生写的是：疑似心智发育迟缓。也就是疑似身体是初二的身体，心智是幼儿园孩子的心智。

　　开学第一天，小东在地上打滚，后来干脆坐在办公室门口地上一动不动。我只好喊来他的母亲。他的母亲看着我拿出来的这一沓材料，对我说：我们孩子没有病，你看，医生只是写疑似，疑似心智发育晚于其他孩子。

　　她的泪水在眼眶里打转，忍着不流出来。

　　我想起前任班主任说的话：小东个子矮小，但是坐在教室前面实在是干扰太大了，只能让他坐在教室最后面，坐在班长后面。初一下学期实在忍无可忍了，班级没有一节课是能安静上课的，只好让他妈妈来陪读一个星期。他妈妈在的时候他还挺正常的，所以他妈妈说自己孩子没问题，反而说其他孩子上课也在讲话，班级纪律不好。后来他妈妈要上班不陪读了，他就又开始各种不正常的举动了，真是让人心里烦躁至极，也没法拉他到办公室，根本拉不动他，只好叫力气大的几个男生把他抬到德育处去。

　　"我这次把你叫到学校，是想当面跟你说一句话。"我和他妈妈面对面坐着，"开学第一天我确实看到了大家和我描述的这些行为，我也详细看了医院的各种诊断。我要你放心：我不会因为这些对你的孩子有嫌弃和厌恶的。我会尽力帮助他，但我需要你的信任和配合。"

　　她的泪水喷涌而出。

　　那天，我让小东送他妈妈到教学楼下，等小东回到班级后，小东妈妈按照我们事先说好的计划，悄悄返回到教室外面，隔着玻璃，她目睹了小东的各种行为。小东上着课从教室里又走出来了，一抬头看见了自己的母亲，有点发愣。

　　回到办公室，小东妈妈说："以前班主任也发视频给我看过，我总是觉得有点夸大事实，今天亲眼见到了。"

　　"别的我不担心，就是他一直要离开教室，我担心他的安全。老师总不能丢下其他学生不管，跑出去找小东呀。以前老校园小，一找就找到了；现在搬来了新校园，这么大的校园，难找。我就很担心。所以我要你在家里多和他说说上课不要出来，我感觉你和他说话他是能听一些的。"我关照了小东的妈妈。

小东妈妈走后，办公室同事问我："于老师，你看小东是不是心理问题很严重？医生认为是心智发育晚于其他孩子，那就算是五六岁的孩子也不会这样呀。"

"是啊。上语文课我被他的叫声搞得心烦意乱，真是心疼这个班级的孩子和老师，哪里静得下心来上课呀。难怪班级成绩这么差。"我哀叹。

原本以为已经毕业的小籽是问题学生的天花板，想不到更高级别的在这里等着我。我有点心乱：刚开学，我需要去苏州参加教师节的各种庆祝活动，可是，班级里有这么一个"孩子"，我需要时刻守在他身边，脱不开身啊。

果然，那天下午三点多我在苏州开会时，办公室同事给我发消息说怎么也哄不住他了，在地上打滚哀号着要回家，怎么办？

"打电话让他父母来接回去，我不在，只能先这么处理了。"我回复了同事。上台领了奖，却一点也高兴不起来。

这日子怎么过？

第二天下午班会课的时候，我讲了一下对班级同学的要求，也就五六分钟时间，小东的尖叫声极大地干扰了我的讲课，天气很热，教室里空调还没有装好，我有点心烦意乱。

"来，我们到教室外面说话。"我对全班做了个手势。我知道小东是不接收老师的语言指令的，那正好，他不会跟出来，我可以在比较安静的氛围里和其他学生说说话。

"两件事，第一表扬班长，她坐在小东前面，是受干扰最大的人，但是老师们都对我说班长完全沉浸在老师的讲课中，不管小东怎么样，她听她的课。我心疼她，更敬佩她！"

"第二件事，我要你们向班长学习，不做小东的观众。无论他怎么做，你们不回头，永远不要去嘲笑他。他这个样子，他自己是不知道的，将来有一天他好了，回想现在的样子，他会很难过的。所以我们现在要做的就是面上忽略他的各种行为，心里要真正地心疼他。"

我和学生们一一握手："拜托了，一起努力！"

这次谈话的效果很好，我看到了学生们的郑重点头。

也就是几分钟时间，等我们回到班级，小东不见了。

学生们安静地自习了，我焦急地走出教室，去找他。没想到他从走廊另一端慢慢走回了教室后门，坐在了自己座位上。

我心里舒了一口气，只当没看见。我先不做他的观众吧。

他的父亲在 QQ 上留言说放学后要晚一点来接他，让他在门卫处等。我回复说：我们和他说话他都没有任何回应的，我和他说他能听进去吗？他父亲回答道：你和他说就可以了。

想了一想，我在便笺纸上写了一行字：小东，放学后你父亲会来接你，你在门卫处等，他可能晚一点到。

我悄悄地走到他身边，他正无聊地把头搁在桌子上，嘴里吐着泡泡。我迅速地把便笺纸放在他桌子上，转身走开。回到讲台前，我看见他盯着便笺纸看了一下，用手把便笺纸捋到了地上。

我心里叹了口气，对自己说："于洁，你也有没辙的时候呀。能怎么办呢？先这样吧。"

我批阅着开学第一天的学生日记，当小东的本子出现在我面前时，我有点惊喜：他居然还交了日记！打开看时，只有一句话：开学了。

很难描述我当时的心情，我仿佛捧着一只一碰就要碎的碗，小心翼翼地留言：你坐在后面，看得清黑板吗？我有点担心。如果前面的人挡了你的视线，你可以把桌子移动一些。

经过开学第一天的观察，我怀疑小东疑似自闭，尖叫、撕纸条、自言自语、随时走出教室，最重要的是所有人都觉得他沉浸在自己的世界里，完全不接收我们的语言信息，如此明显的自闭症症状，为何医院没有确证呢？

看到他的日记，我有点明白过来：他并没有完全沉浸在自己的世界里，他和我们的世界，依然保持着联系。他能接收我们的文字信息。

我于是对我给他写的便笺纸信息结果产生了极大的好奇心。

傍晚放学后，他的父亲给我回复说：在门卫处接到小东了，谢谢老师。

好！那我接下来就用文字和他沟通！我有点激动了。

第三天语文课上，我和学生们一起背诵着古诗，用各种有趣的方法帮助学生记忆，师生在小东的各种尖叫和自言自语中完全不受影响地学习着。我后来干脆做手势让学生们都走上讲台，排列出大合唱的样子，我坐在最后面，背对着不上台的小东，用交响乐团指挥的样子手舞足蹈带着学生们朗读和背诵，这样，小东的尖叫声对我们的干扰就几乎湮没在我们的齐声背诵中。

"老师——老师——"小东在我背后尖叫，显然他有点沉不住气了。我迅速从口袋里掏出一张早就写好的便签纸，快速回身放在他的课桌上，又立刻回到原来的地方，继续指挥学生们的"大合唱"。

我心里不抱希望，但我的后背很忠实地感觉着小东的动静。五六分钟后，小东站了起来，拿了扫把、畚箕把自己桌子边上一堆撕下来的餐巾纸扫掉，又跑出去倒了垃圾回来。

所有学生惊呆了，他们站在讲台前，一眼不眨盯着小东，教室里鸦雀无声。

我指着小东手里的扫把、箕畚，又指指空调边上的角落，他心领神会，去放好了。

下课铃声响了。

那张便笺纸上写的是：如果你能把你撕的纸处理好，我会抽个时间和你聊聊核污水的事。到时候我会走到教室后门对你招招手，你就悄悄出来。

因为那天他的日记是一行字：日本往海里倒核污水。

那天，教室里正上着课，我走到教室后门，看见他半躺在地上，好在其他学生真的没有做他的观众，都在听老师讲课。我悄悄对他招招手。

之前老师们都说没有办法把他喊出教室，因为他根本不听你的，也拉不动他。我对他招招手时，心里也没底，他能出来吗？

我对他招招手后，没有停留，转身往办公室方向走去。这一节课，办公室只有我一个人。他会来吗？

他出现在办公室门口了！

我示意他坐下来，和他面对面。

"聊聊呗，我现在有点空。但只能一会儿，你看我还有这么多日记要批改。"我说。

他不说话。

"怎么办呢？我是最爱吃海鲜的。可是现在日本排放核污水，我都快不能吃海鲜了……"我哀叹。

"真是恨死了！到时候我们要是都不吃海鲜了，那我们的渔民怎么办呀？他们就是靠这个过日子的呀。"

"你吃海鲜吗？我最爱吃海里的螃蟹，做香辣蟹，放点大葱，生姜切成薄片……"

"怎么办呀？网上说还有两百多天那核污水就要到我们这边来了……"我轻轻拍打着他的肩膀。

"那你这几天先吃，这几天没事的。"他用含糊不清的声音对我说。

哈，有回应了！

我赶紧见好就收："我要批日记了，我先送你回教室上课，我们轻轻的，不打扰老师和同学。"我站起来，做出蹑手蹑脚走路的样子，他学着我，蹑手蹑脚进了教室后门坐在了位置上。

从这天开始，我每天抽空悄悄到教室后门对他招招手，他心领神会悄悄出来和我走到某个没有人的地方，从天南到海北，每次聊一会儿，再送他回教室。

再后来，和他一起给教室走廊里的绿植换水，请他帮我批改默写，让我登记学生小练习分数。我每天盯着课表，盘算着他还能在教室里安静多久，感觉他要绷不住时就去教室后门那里招招手。

这个过程中，有过他在走廊里突然放声大哭，有过他在办公室门口打滚，有过他把书恨恨地扔到地上，有过他把口水吐到教室门框上，有过他上课溜出去踢过道里的下水管道……

但上课尖叫和撕纸的现象越来越少了。老师们说终于可以安静地上完一节课了，越来越感觉不到他的存在了。

他在日记里写道：和你聊天很有趣。

他几乎每节课下课都要来办公室门口探头看看我，每次我都对他微笑一下，继续忙我的事。有一次下课在教室里被学生们围着背书，在人缝隙里看见他，我喊道：小东，去我办公室，帮我倒杯水过来！

当他小心地捧着我的杯子递给我时，我真要热泪盈眶了。

我不是医生，我也搞不懂他怎么就那样和别人不同。但我心里明白一件事：你说他是魔鬼，他就折磨你；你说他是天使，他就善待你。都在一念之间。

有手机依赖症的孩子

■ 改变能改变的，不能改变的不让它更糟糕，这就是一线教师的"可为"之处。

在开学时我和学生约好，开学前一天晚上把电子产品尤其是手机交给家长。还特意搞了个8点小仪式，拍照为证。

可是我心里有数，这些孩子离不开手机。做作业遇到难题是不会去苦思冥想的，肯定会用手机搜答案；父母都在上海打工，傍晚回到家里，冷冷清清的，点个外卖当晚饭，连个说话的人也没有，自然需要手机来解闷；就算父母在家的，叛逆期的少年遇到更年期的父母，何况很多父母文化水平不高，当年都是从外地来打工的，亲子关系早已经是要么极少说话要么一说就吵架的状态；亲情冷淡的，自然需要弥补，还有同学关系也需要用手机来做交流媒介；当然，还有短视频、电子小说、朋友圈、微信群、QQ 群……

果然，开学后不久，批作业就可以明显感觉到有些学生的答案是搜题得来的；渐渐地又发现有些学生上课一直打瞌睡，问几点睡的，都回答是九点左右的正常时间，眼神闪烁着心虚得很；再后来听说有的同学爱上了 P 图，把这个那个的头像恶搞……

嗯嗯，差不多了，风筝线要紧一紧啦。

我先发消息给家长，提醒家长周一到周五上学期间不能给孩子手机，周日晚上 8 点要把手机交给家长，一旦手机成瘾，就基本没法改变了；再在每天发给学生的"于老师日记"上提醒学生关于手机使用的规则;放学的时候又在班级里重申了一下,希望没有按照规则办事的学生注意纠正。

我心里是知道的,有些学生早已经手机成瘾,不带到学校里来已经阿弥陀佛了,想要他们在家里不玩手机几乎是不可能的,家长若是强行要走手机,孩子甚至会以死相逼。

我呀,早就做好了最坏的打算,肯定有些学生说了也是白说,有些家长根本已经管不动自己的孩子了。当年自己给孩子买了手机,没有坚持原则,现在再要收回来,收不回来啦。

就算做了最坏的打算,但是事情该做的还是要做的。管理是场拉锯战,拉拉扯扯,进进退退,初中三年就过去了。改变能改变的,不能改变的不让它更糟糕,这就是一线教师的"可为"之处。

离放学还有半个小时的时候,我的手机上收到了小雪母亲的短信:小雪从三年级开始,对手机已经很依赖了,想了很多办法,都没法拿走她的手机。

我不觉得惊讶,小雪的作业是很明显地有搜答案的痕迹的。只是小雪上个学期成绩很落后,这个学期我尝试着让她做了一门功课的课代表,她倒是在这门功课上还挺用心的,虽然基础差,成绩不理想,但是课代表工作做得很勤快,人也比以前开朗很多,爱笑了。看得出,她心里是很感谢我对她的提拔的。

我于是回复消息说:"我来试试看吧。"

小雪妈妈立即回复:"太好了,谢谢老师。她对你很崇拜的。"

傍晚放学时,学生和我一一打招呼挥手告别,小雪也开开心心地走过来说再见。我喊住她:"小雪,手机别忘记交给妈妈,我要你多独立思考,这样你会有更大进步哦。"

她一愣,但是很快就笑着说:"好的,老师。"和我挥手说再见后转身离开。

事情就这么顺利吗?一个小学三年级就开始每天使用手机搜题的人,每天晚上机不离身,整整五年,会听了我一句话,从此把手机交给母亲管理,只有周日才拿在手里?教育如此简单?你相信吗?反正我是不相信的。

果然，半个小时后，我正准备下班，手机上收到了小雪母亲的短信：老师，小雪回家就和我闹开了，说我向老师告密，她冲我发火，现在关在房间里不出来。

果然说翻脸就翻脸，在我面前不敢露出来，回家就和母亲干上了。我打电话对小雪妈妈说："我来和她聊聊，你让她接电话。"

她会接电话吗？我心里猜想着，现在的孩子脾气都挺大的，做事很任性，加上父母都管不住，家里都是孩子最大，父母害怕，说话做事都小心翼翼的，看孩子脸色。

电话里听见小雪妈妈咚咚咚敲门的声音，"小雪，你老师电话！开门呀，快接你老师电话！"我听她哇啦哇啦喊了一阵，看来是小雪不开门，不想接电话。于是我把电话挂了，给小雪妈妈发了个短信："你去忙吧，该干吗干吗，等她冷静一些再说。"

小雪妈妈回复我"好的"，又把小雪的手机号码发给了我，大概是想要我打小雪的电话。

算了，热脸不贴冷屁股，心急吃不得热豆腐，我才不去捧烫手的山芋呢。

我给小雪的QQ写了留言："你应该迁怒于我，而不是你的母亲。是我在一个一个查谁说话不算数，周一到周五还在用手机，并不是你一个人。你每天拿着手机，我这边会显示你"手机在线"。我器重你，希望你在学习上冲一冲，也看到你在努力。但是你周一到周五拿着手机，写作业不静心，还搜答案，没意思的。让期待你的人伤心，你不应该的。我没有其他话了，你想好了，再回复我好了。"

写完留言我就退出了QQ。虽然我看到手机上显示她"手机在线"，但我不认为她会回复我。让她好好想想吧，第二天是休息日，但是周一她要面对我的，现在尴尬的是她，不是我。我这边最坏的打算就是她还是老样子，不肯把手机交给她妈妈，也坏不到哪里去了。但她就不一样了，她如何面对那么器重她、提拔她的我呢？难道她辞掉课代表的职务吗？她干得正欢呢。

到了晚上，我收到她母亲的短信："老师，她把手机交给我了，说你周一会找她，她有点害怕。因为我文化水平低，她爸爸不和我们在一起，从学英语开始都是靠手机搜索学习的。你发消息说周一到周五孩子不能拿手机，我就实话实说了，孩子自尊心强，她觉得我向你告状，她说别的同学手里也有手机，但是家长不说。她就冲我发火了。"

看来她是认定我周一会找她。我才不要她因为一时的害怕而权且把手机交给母亲呢，这样没用，很快就会又要回来的。

我短信回复她母亲说："别的家长也说的。家长都不希望孩子成为'手机控'。明天是休息日，你现在把手机还给她，周末可以使用手机的。让她看看我给她的 QQ 留言。到周日晚上 8 点让她把手机交给你。"

我又把给小雪的 QQ 留言截屏发给了小雪母亲。她很快回复我一大段话："我心里特别感恩您，真的，她的叛逆期因为您初二来接班后好了很多，她每天回来都会说起您。以前她偶尔才会和我聊天，现在已经经常聊了，比初一时改变了很多。她说过一句话我很感动，她说一个学生能遇到好的老师就是人生的导师，就可以成为人生的转折点。听到这句话，我真的很激动，觉得我的孩子长大了很多，我这个做家长的都记在心里，太感谢！太感谢！我文化水平低，读书上帮不到她，所以她有点依赖手机，是我做得不够好。其实我第一次参加您开的家长会，我就知道我的孩子有希望了。"

确实，也怪不得孩子依赖手机。有的家长在外打工，为了联系孩子，给孩子买了手机；有的家长文化水平低，孩子回家后作业上不会做的题目家长没法教，就买个手机让孩子自己搜答案；有的家长对自己孩子信心太足，认为孩子能有自控力，就给孩子买了手机；有的家长经不住孩子软磨硬缠，要死要活，就给孩子买了手机。

各种情况都有，但是一百个孩子里能有几个是很自律的呢？当初给孩子买手机的是家长，现在发现不对劲想要把手机收回来的也是家长。于是状况频出，家长后悔已经来不及了，手机已经成为很多孩子的生命的一部分，成为他们和世界联系的脐带，它替代了父母的陪伴，敷衍了老师布置的作业，联络了伙伴关系甚至是"恋人"关系。拿走它，就像把孩子放入真空地区与世隔绝了一样，是要孩子命的事情了。

周日清晨6：58，我的手机QQ上有小雪回复我的留言，那么早，看来她也经历了一夜的思想斗争了。

"抱歉，老师。您说的我知道的。我等下会把手机交给妈妈的。"

我立即回复道："你的母亲很爱你，说你很懂事，她也一直自责自己文化水平低，学习上帮不上你，以至于让你依赖手机搜题。以后还是要慢慢脱离手机搜题，不然很难有进步。平时上学时，手机给妈妈，周末可以用手机，周日晚上8点再交给妈妈。另外，多和妈妈聊聊天，这是她很享受的幸福时光。继续做她的贴心小棉袄。"

我把她母亲的短信截屏发给她。

"好的。"她回复我。

"会的！"她又补了一句。

一个感叹号，可以明显地感觉出语气的坚定和真诚，不是敷衍我。

我松了一口气，想来她也松了一口气吧。

我发了个拥抱的图片给她。

"我有些时候不知道怎么做就会冲妈妈发火，以后不会了！这次麻烦老师了。"她说。

哎呀！这句话说得真是太好！叛逆期的孩子为什么容易冲着家长发火，终于找到了最好的答案。

是的，不知道怎么做，所以才会发火。越是色厉，越是内荏。心里虚空、发慌，不知道怎么了，不知道怎么办，就会用发火来掩饰来填补。

少年人长大的过程中，想得比以前多了，对于未来又憧憬又迷茫，眼高手低是常态，很多事看得迷迷糊糊似懂非懂，心里虚空的时候是很多的，而来自家长和学校的压力也是很大的。"我是一只小小鸟，想要飞呀飞却飞不高"，用在他们的身上是很恰当的。

小雪的手机事件到此似乎可以画个圆满的句号了，可是教育一定不是这样简单的，一定会有反复和波折。比如接下来小雪晚上做作业遇到不会做的题目怎么办？不能搜题了，以她的基础和学习能力，要完成有些难度的作业，她怎么办呢？都需要我们教给他们正确的方法。比如尽量在学校里让他们完成大部分作业，这样遇到有难度的题目他们可以互相做小老师指点，可以向老师请教。

所以必须和任课老师达成共识，作业量上，作业难度上，都要有分层设计；更要留出一些时间能够让学生当堂完成一部分作业，留少部分回家做。这样一是保证了作业质量，二是防止学生依赖手机搜答案，三是也能给学生足够的时间自我消化白天的课程。

周一，我开个任课老师会议吧。快要期中考试了，不能让试卷雪花飞，这样反而适得其反。

周一，我再和学生一个个聊聊天，询问一下手机的安放处置。虽不能保证人人说实话，但至少能够让学生感觉到老师对这件事情的重视。

改变能改变的。

看，教育就是这样艰难的。手里的风筝线松松紧紧，紧紧松松，一刻也不能掉以轻心。

但，教育就是这样美好的。小雪和她妈妈的感情不是又加深了一层吗？

感同身受学生无法言说的苦

■ 我幼年时代孤独寂寞的经历，让我能深切感知学生无法言说的苦。

　　小时候长得小，被人欺负是常事。发小至今还能回忆起当年她抢走我手里的一根炭棒时我木愣愣的样子。

　　上学路上，被一群大鹅围住脱身不得，连哭都不敢发出声音。

　　捧着一堆洗好的碗从河滩边起身回家，被石子绊倒，碗飞了一地，自己也摔伤了。

　　这是幼年时代我的模样，因为体弱多病，我极少能出门，难得出门一次，沉默寡言的我已经无法融入伙伴群里。

　　我羡慕地看着他们呼啸来去，跳进河里又爬到岸上，看着他们赤着脚，手持竹竿粘知了，拿个玻璃瓶和铅丝在墙缝里捉蜜蜂。我能做的，是静静地坐着，用我默默的眼神捕捉他们移动的身影。

　　"来呀，一起玩。"偶尔有这样的声音喊我，心里一阵惊喜，还没站起，他们已经跑得没有了踪影。我只能对着墙角的那丛火红的美人蕉发愣。

　　唯有冬天，是我最幸福的时光。不生病的日子里，脚踩着脚炉，手捧着手炉，坐在靠墙没风的太阳地里，手炉里暴跳着黄豆，小伙伴们玩累了会来我这里要了吃，那一瞬，有一种被大家需要的感觉，名字叫幸福。

　　有过这样的经历，做了老师的我能深切感知班里那些孤独寂寞的学生无法

208

言说的苦。

那一年初三下半学期接班，我发现了孤独的她。她的成绩不错，从作文来看。相对其他学生而言，她更老成持重一些，平时很少说话，很少看到她在课间与其他同学说说笑笑。她脸上基本是面无表情的样子。我对她会被孤立的原因不了解，但是我又不想去问其他同学，说："你们怎么不和她玩呀？"我还是想不动声色。

语文课上，她一个人复习得很认真，弓着背沉默地坐着，姿态有些僵硬而尴尬。相对周围那些一起读一起背、热烈讨论的学生而言，她是完全不一样的。

人是群体性的动物，在内心深处，有谁希望自己是孤独的？有谁不渴望融入群体呢？

这个女孩子还有高中三年要度过，还有长长的未来要度过，如果她的性格就是孤僻的，不善于融入群体的，那我也要让她孤独得理直气壮，孤独得心情舒畅，而不是这样压抑地伛偻着背。我不去打破她的孤独，但我要她快乐。

这样想着，我已经在教室里兜了几个圈子了。回到讲台前，趁着学生们复习得全神贯注不注意我，我悄悄在一张白纸上写了一行话，折起来捏在手心里，然后继续在教室里兜圈子，到几个结对子的同学那里了解一下复习进度，询问有无疑惑，然后自然而然走到她的座位边。

她是靠着南窗坐着的，前后座位的学生都背对着她在复习，我站在她的座位边，就完全挡住了她旁边的学生的视线。

我俯下身子，问她复习的进展，简单交流几句，我移出手心里的纸条，摊开在她面前。我移动了她桌子左上角的一堆书本，完全挡住边上学生的视线，以免他们看到那张字条，然后走开。

站在教室的后面角落里，我悄悄地关注着她。

她取下眼镜，用手指按在眼睛上，来回移动了几次。流泪？

我紧张地看看她周边的学生，还好，没人注意。

她戴上眼镜，继续开始复习。

不再驼着背，很明显地，她的身体是处于放松状态了，我盯着她看的时候，没有再感觉到那种压抑了。

快下课的时候，我让所有学生回归原位，进行集体提问，看看他们复习的效果。学生们响亮地回答着，我注意着每个学生的状态，一瞬间，我看到她笑眯眯地看着我，和其他同学一起回答着问题。

我的心一下子踏实了！

那张摊在她面前的字条上写着这样的话：狐狸们喜欢成群结队，老虎却总是独来独往。不要觉得孤独，只要心是充实的，天地就是宽广的。我欣赏你。（藏好哦，别让其他同学看到。）

第二天一大早的语文早读课，在同学们集体复习一段时间后，我要求前后两人结对子再巩固一下。

我再次看到了她灿烂的笑脸。

这样真好。亲爱的女孩子，愿你长长的人生路上，每次孤独的时候，都能想起那张字条，都能孤独得理直气壮、舒适自然。

那一瞬，有一种如释重负的感觉，它的名字叫幸福。

想起另一个女孩子。

初三半路接的班级，第一次看到她的时候，快开运动会了，我猜想她一定会报名跳高。要是她跳高，谁比得过她呀？连男孩都没她高！那两条细细的长腿，不用跳，一跨就可以过去啦。

很奇怪的是，她没有报名任何比赛项目，更奇怪的是她总是一个人慢慢吞吞地跟在学生队伍的后面走着，没有任何伙伴。她坐在教室后门的位置，我每次课间走过的时候，总看到她一个人默默地坐着，很孤单落寞，周围学生的嬉闹似乎与她全无关系。

后来看到她的作文，写宁静的夜晚，月色下的一条老街，文采斐然，如果心不静，是完全无法有那种细腻的、独特的感悟的。我稍做修改，投给了报纸，编辑很给力，说这样的文字，放在少儿习作版面太可惜了，于是专门在成人文学版面开辟了"处女作"栏目，与本市一些文学名家的作品放在一起。

我在全班做了隆重介绍，一起赏析了她的文字，并把当天的报纸送给她作为纪念。

但她依然是孤独的。学生们告诉我说不知道为什么，大家就是都不太喜欢和她说话。究竟是为什么，他们都说不出来。

有几天，她没来上学，说是生病，去看病了。

几天后，她来上学了，默默地坐着。排队去餐厅的时候，她很快就落在队伍后面一大段了。

那么细长的两条腿，走得很慢很慢。那个背影，似乎心事重重的样子。

我快步走上去，喊了她一声，然后把我的手臂伸进她的臂弯里，挽着她一起并排走。

一瞬间，我终于明白为何没人愿意和她一起走的原因了：她太高了！

我好歹也有 160cm，再加上鞋跟，在女性中也算是挺高的了，可是站在她的身边，真是倍感压力，我和她说话必须要仰着头才可以看到她的眼睛。她看我的时候，是俯视的，对她而言，也是不舒服的。

我挽着她走了一段路，快经过我办公室的时候，我说："你的作文写得真好，我有时候在想，也许只有内心很宁静的人，才能写出这样的东西来。所以，有时候，孤独也是个好东西啊，叽叽喳喳的人永远无法体会到这样的宁静孤独里的快感。我也有过这种宁静和孤独，挺好的。所以，我懂你。"

她对着我微笑起来，我抽出手，和她分开，往办公室走去。

后来，每次晚自习结束后送学生回宿舍，她和我在队伍后面都会交流几句，她告诉我她的腿虽然长，但是走不快，也无法跑，因为膝盖里有个小缝隙，会疼。所以她一直这样慢慢走。

有时，我们也会聊聊别的，话不多，但是彼此很愉悦。

这个世界，总是那么热闹，有很多人在群体生活中获得快乐；也有那么一些人，他们也许内向孤僻，也许满怀心事，也许不善于交流。从前我们总是想着如何搞一些活动，如何拉他们进入人群，努力要他们变得活泼开朗起来，融入群体。其实，人的性格本无对错，不如尊重他们的内向性格，尊重他们保持孤独的状态，为何要强求他们变得和大部分人一样活泼开朗呢？

让他们孤独得坦然一些好了，这也是他们的人生常态，和别人一直热热闹闹的是一样的。

后来收到过上文提到的第二个女孩子的邮件，她在邮件的结尾写道：初中的那些日子，只有黑夜才是我梦的依托。我只有在包容万物的黑中生活，希望就像积蓄着的力量，每过去一天我就又多了一点。终于，一切都过去了，我来到了人生的下一站——高中。那个学校很美，依山傍水，正值夏季，一片片的荷花开了。阳光洒在花上，折射出了剔透，蒹葭随风摇曳出了清爽。我坚信，这儿就是我要的天堂。老师，请您祝福我在这里收获一份平静。

收到这封邮件，我坐了很久没有起身。难以想象一个女孩子的初中三年是在那样无助的沉默中度过的。而我，机缘巧合，在她初中即将毕业之前的几个月才来到她的身边，与她有短暂的相处，欣赏到她优美的超出同龄人感悟的文笔。看着邮件的每一个字，都仿佛是那个孤独寂寞的她站在我的面前，让我心痛她曾经的经历。

在给她的回复中，我送出了最真诚的祝福：一定要快乐啊，一切的过往，都将成为我们独一无二的财富。

我幼年时代孤独寂寞的经历，让我更深入地体察了我的学生中那些孤独寂寞的灵魂，当我尽我所能，让学生感受到我对他们的懂得时，我的内心会有一种幸福感油然而生。

那一刻，我们不是师生，是两个彼此懂得的灵魂。

我和学生的双向奔赴

■ 我的邮箱是学生永远可以依靠的港湾。

上一届学生已经毕业三个月了。教物理的夏老师和教英语的李老师这个学期依然和我搭班，一起接了初二年级倒数第一的班级，学生们的各种行为习惯和学习能力都很让人抓狂。夏老师常会突然感慨说："唉，上一届中考前的那种状态，真是好啊！"

我心里笑，他那怅然若失又充满期待的样子像极了《我的叔叔于勒》里的菲利普："唉，如果于勒竟在这条船上，该叫人多么惊喜啊！"

我的心里也时常想起毕了业的上一届。尤其是在每天批阅学生"每日一记"的时候，我看着现在手里的这些寥寥数语的"每日一记"，常会叹口气想起上一届的小妹。

"每日一记"是我和学生私密聊天的重要方式，对于部分学生而言，更是展示学习以外其他观点和能力的舞台。比如有学生喜欢用画画来叙事，而我也很乐于用色彩去涂抹；比如有学生每天向我描述他们家妹妹各种让人忍俊不禁的趣事，画面感很强，成为我的一个开心果；能够把"每日一记"变成每日一篇完整的大文章且主题紧紧围绕"美"展开的，只有小妹了。

小妹长得很淑女，她有个双胞胎妹妹在其他班级，成绩不如小妹。你可别以为家长会更加疼爱小妹，恰恰相反，为了顾虑妹妹的感受，担心她自卑，父母反而对妹妹更加怜惜一些，这让小姝的心态有些失衡。

她的母亲有一次对我哭泣："没办法呀，一碗水端不平。"

其实，大型考试来临前，小姝也是很焦虑的，但她的心事藏得很深。她母亲说小姝在家常常发脾气，家里人都有点躲着她。

初三学生的有些事情、有些心情，真的不是老师一两次谈话能够解决问题的。我暗自观察，希望找到一个突破口，不动声色帮助小姝平衡心情。

那时候我开始做校园植物系列的校本教材，每次拍一个校园植物，我就给班级里的学生欣赏，再配上一点相应的文字。我向学生抱怨说校园里的植物品种太少了，我都快没有米下锅了。

那天，小姝的"每日一记"上详详细细地描绘了她上学路上看到的一种植物，虽然没有照片，但她优美的文字，足以丰富我的想象。"每日一记"的空框面积太小，她用了便笺纸贴在上面，满满三页便笺纸，加上她细细小小的字，原本只能写200多字的"每日一记"被她写了将近一千字。

那天，我埋头苦干，终于把她的"每日一记"打成了电子稿，稍做修改润色，就在当天的美文赏析课上向大家隆重介绍，引来学生们的一片惊叹。

我和小姝之间似乎有了一种无声的默契。她每天描绘着上学路上的一道风景，冬天万物凋零时，她开始回忆童年时代在老家看到的各种植物，她把自己的喜怒哀乐借着各种各样的植物描绘一一呈现于我的眼前。而我，再忙都会抽空打成电子稿并加以修饰。

这一默契，持续了整个初三后半学期。我为她的植物系列配上了相应的植物照片，发到了我的微信公众号，又打印出来塑封，成为完整的一本厚厚的小姝文集，在教室走廊里展示。

"每日一记"成为一种心灵的平衡砝码，在心情的天平上无声无息地缓释了小姝内心的焦虑与烦躁。

她以高分毕业的时候，6本写得满满的"每日一记"，被我装在礼品袋里，用一根彩色绸带扎了蝴蝶结送还到她的手里。

我从来没有问过她，"每日一记"对她而言意味着什么。

9 月的一个周五傍晚，我急急忙忙到班级上课，门卫打电话给我说有个我毕了业的学生想要进校园来看我。

我有点为难，一方面是自己要进班上课，另一方面学校为了校园安全，刚通知老师们不要让毕了业的学生进校园，老师可以到门卫处和毕了业的学生见面。

我对门卫说："我要上课，不能见了，让 TA 给我留个字条吧。"顾不得想会是哪个毕了业的学生来看我，我走进教室开始上课。

下班时，门卫交给我一封信和一个袋子。信封上写着"给我亲爱的于洁老师"，袋子里是两盆绿植。

是小姝的蝇头小字。

　　亲爱的于老师，许久未见。自高中开学以来，我的心中就积攒了好多好多的话，想同您说，也许是两年以来每日一记养成的习惯吧，我总会在每天入睡前躺在宿舍的床上，脑子里过一遍今天发生的事，时而浅笑，时而想哭。

　　握着笔不知该如何描述这一个月来的高中生活，说出来自己都不敢相信，刚入学时那个什么都要哀叹什么都紧张都难过的我，竟然已经渐渐适应了高中高速运转的学习生活，渐渐适应了我本无法接受的寄宿生活，虽然依然会有一些令我无法看淡的事，可我已然有了一颗能自如调整自己的顽强小心灵。我还因为经常在宿舍里劝解同学、化解同学矛盾，被有的同学称为"心灵导师"。

　　说实话我无法认同，毕竟我也是强忍着心里的怒火去劝说她们的，但这劝说总会让我自己也平静下来，豁然开朗，自己劝自己，还蛮有意思的。

　　这一个月我也成长了许多，我担任了语文课代表，大嗓门和从容镇定也被磨炼出来了；我还很积极地参加了两个征文活动，既然我在物理上不能获得成就感，就要发挥好自己擅长的领域。

　　昆中清晨的天空与傍晚的落日真的好美好美，食堂二楼的落地窗和天台都是绝佳的观赏场所。我见到过桂花花瓣在太阳雨中飘散的景色，见到过一颗每天驻守在夜空中的星星，我在容湖边见到过小野猫懒散地晒太阳和小山羊倔强的小屁股……

　　亲爱的于老师，感谢您在中考前对我的无声鼓励，感谢您两年以来的陪伴与付出，我深深地想念您。

　　读信的那一刻，心里满满的是喜悦的平静。"每日一记"，文字的无声力量，真是无可代替。我写下了回信：

　　亲爱的小妹，来信收到。和你一样浅笑，因为不觉得突然；也想落泪，因为彼此默契的欢喜。

　　绿植会放入班级，激励那些与你有相同梦想的学弟学妹。让我欣慰的是我在你初中时让你"动心忍性"终于"曾益其所不能"，让你不知不觉间有了你意想不到的才能与心态，你真正长大了。

　　你和我终于成了昆中的校友，我曾描述过的昆中的桂花、星空、农场，终于成为真实的呈现。

　　这次你来看我正逢我上课，在你之前已有其他班级的毕业生进入校园，学校给门卫下了不能再放人进来的命令，所以我对门卫说我不见你了，于是我收到了你漂亮的信纸和令我动容的文字，这是我们师生相处两年的心灵默契。

　　我也深深地想念你，每次我现在的学生上台领读、做值日班长、晨读……都是我想念你们的时刻；每次批阅"每日一记"时，是我最想念你的时刻，你懂的。

　　未来你我都要走一条艰难的路，你要用三年的时间实现梦想，我已接了在 14 个班级中倒数第一的班级，一切从头开始。彼此不见，但心相通，彼此知道远处的那一个在不畏不惧努力前行，这是我们师生的互信与美好。

我的邮箱是你永远可以依靠的港湾，深深地想念，深深地祝福。

10 个方法，培养内心强大的学生

■ 乐观和爱是生活的解药，今天不容易，明天也许会更难，但是后天终将美好。

作为一线教师，工作 33 年来，确实有明显的感觉：之前从来没有听说过、遇到过的抑郁症，已经在近几年来屡屡听到、遇到。

我试图在关注青少年身心健康方面做一些探索与实践。我根据大脑分泌的常见激素对身心健康的影响，采用了笨拙的"缺啥补啥"的方法，收获了一定的效果。

缺了啥容易产生抑郁症？遇到困难怎么想办法解决？这是我探索实践的思维逻辑。

1. 注入"幸福因子"

最近网络上流行多巴胺穿搭，是指通过服装搭配来营造愉悦感的穿搭风格。这个服装搭配某种程度上是指色彩鲜艳、非常显眼、种类丰富，给人明亮、青春、快乐、热情又自由的感觉。

多巴胺被称为幸福因子，是一种神经传导物质，用来帮助细胞传送脉冲，主要负责大脑的兴奋和开心等信息的传递，能给人带来干劲和幸福感。

基于明亮的、搭配和谐的色彩能够让人产生愉悦感，我在班级里做了尝试。

我为班级添置了水仙黄和天空蓝交错色调的带锁小柜子、白色的纱帘、鲜花、水仙黄小靠背、可爱的毛茸茸的国宝熊猫玩偶、明黄色的向日葵、白色透明救急早餐箱，让班级充满着家的温馨氛围，蓝色、黄色和白色，宁静与素雅，让人心安宁。

学生在日记中写道："去其他班级参加考试，总觉得没有我们班级干净、和谐、舒适，考完了就急着想回到自己班级，回来后坐下来，看着教室四周的布置，心就宁静下来。"

任课老师说："也是奇怪，在这个班级里没法发火。站在这个教室里，心会很平静舒服。"

在工作和学习中，当我们去主动设定目标和计划时，大脑就会开始分泌多巴胺，让人觉得充满干劲，迫不及待地想行动起来。当目标实现或取得成就时，大脑还会分泌多巴胺作为奖励，让人感到满足和幸福。这种满足和幸福感又可以激发新一轮的行动，从而取得更多的成就。

除了干劲和幸福感，多巴胺还会让大脑的海马体和额叶运行更高效，这两个部位和人的记忆力、学习力密切相关。所以当多巴胺水平提高时，人们的实际表现也更好。

明白了这一点，面对压力和竞争极容易带来的学生抑郁这个可能性，一线教师就要想方设法和学生一起设定压力大小合适的目标和切实可行的计划，多一点则嫌重，少一点则嫌轻。

这个设定的目标，要注意以下几点。

第一，目标的时间跨度不能太长，半个月或者一个月。

个别学生自控能力很弱的、意志相对很薄弱的，甚至可以先设定一周目标甚至一天目标。

第二，把大目标设置成一个个短期小目标，且是能肉眼可见的成果。

这样，一个个小目标能够被实现，多巴胺就能持续分泌，产生持续的干劲和快乐，能够有完成大目标的动力。比如一篇大古文可以切成四五段来背诵，每次来只要背诵一小段就可以。比如长跑时提前熟悉赛场，确定好几个小目标的标志，路边的一棵大树、一盏路灯等，这样长跑时就可以告诉自己下一个小目标是什么，而不会被遥远的距离打败内心的意志。

第三，教师要和学生一起想象目标实现后的情景。

比如有的学生说要考最好的高中，那我就去那所高中拍下黑天鹅，照片打印出来送给这个学生，学生就会常常想象自己考取后在湖边看黑天鹅优雅身姿的情景。等中考结束后，这个学生实现了目标，给我发的第一条消息就是："我去看过黑天鹅了！"大脑会把想象的当成实际发生的事，所以当我们想象目标实现时，也能促使大脑分泌多巴胺，提高行动的积极性。

第四，奖励会刺激大脑分泌多巴胺，所以教师要想好如何奖励学生。

我的奖励一般有四种：运动、食物、物质奖品、精神奖励。

运动能够释放身体的负面情绪，带来释然和快乐，这是毋庸置疑的。充分了解了体育运动带来的好处之后，我想方设法确保了学生们的运动时间。班级也从原来只有一两个学生会打球，慢慢地，有了班级的篮球队、羽毛球队。女孩们玩老鹰捉小鸡，笑容很甜美。

食物奖励最开始时仅仅停留在某个学生表现很好，到办公室来拿作业时，就顺手给个糖果，后来变成我亲手下厨，在办公室用烧水壶下个面条放点浇头啥的，成为色香味俱全的"多巴胺食品"奖励给学生。

物质奖品的技巧在于品种出人意料、含义合乎情理。比如一小块雨花石，祝你"（石）时来运转"；一个橘子一个荔枝，祝你"大吉大利"；一张鲜花的照片，送你"一朵小红花"；领养世界十二名犬（树脂小狗）；"小熊冰棒模型"；为妈妈赢一个"三生三世十里桃花上神杯"……

精神奖励重在让学生的努力被看见、被肯定、被欣赏。通过"我的努力被看见""我的努力，我的存在""任课老师发欣赏卡""弘毅人形象大使""感动班级十大人物""手抱桂冠合影留念""今天我做小老师"等形式，充分肯定、欣赏学生各方面的努力。

2. 平时主动给学生制造压力和挑战

当我们面对压力和挑战，感到紧张和恐惧时，大脑会分泌去甲肾上腺素，适度的紧张反而让我们的头脑更清醒，专注力和记忆力也会明显提升。如何不让学生面对压力太过紧张恐惧呢？

在平时可以主动制造一些压力和挑战，来提高去甲肾上腺素的水平提升效率。比如每次背诵语文的古文古诗，我都会让学生来背给我听，而不是去组长那里背诵，制造小紧张。学生背完后反而大松一口气，很有成就感，走的时候都是蹦蹦跳跳的。

比如每天早晨我听学生朗读英语，我会让学生一个个站起来领读几句，一方面训练学生大声朗读的习惯，一方面制造小小紧张，促进学生去甲肾上腺素分泌，使晨读更有效果。

比如课堂上提问，常常是让学生车轮大战式开放性回答问题，只要勇敢站起来言之有理的，都会获得我口袋里的意外小惊喜。

比如每天早晨的限时两个数学基础题小练习，让学生在 10 分钟的限定时间内完成昨天所学的基础题目，也是制造小小紧张，让学生的专注力和记忆力提升。

比如每次考试前一周，把自己的目标计划告诉自己的好朋友，或者写在小卡片上，放在自己桌上或者挂在学习园地里，以此互相督促和鼓励，也是很好的方法。

需要注意的是，一张一弛，文武之道。教师不能让学生长时间处在压力状态下，让去甲肾上腺素的水平长时间过高，一定要让学生学会休息。

比如课间把学生赶出教室，让他们在走廊里喝水，和朋友聊天，听学校喇叭里播放的舒缓的音乐，雨天可以在室内做操，这都有助于降低去甲肾上腺素，让身心得到休息。

尤其是上午学习结束后，中午必须让学生午休一下，再迎接下午的学习。为此，我购买了小毯子和小垫子，指定了每天盖毯子、收毯子的学生，防止学生午睡时肩背着凉。我自己也每天和学生一起午睡 20 分钟。午睡结束后，让学生全部离开教室，去上洗手间、喝水、散步、聊天、看远处风景，让自己彻底清醒过来，保持下午的精神状态。

3. 帮助学生克服紧张情绪

肾上腺素是由去甲肾上腺素转化而来的，它的作用是激活交感神经系统，让人身体反应更迅速，力量更强大。

很多体育选手常用的方法就是在上场时或者在攻击瞬间大吼一声，让自己肾上腺素分泌，比赛时有更好的表现。

所以每次大型考试或者比赛来临前，我都会让学生高喊班级口号，让他们和好朋友击掌高喊加油。一方面克服紧张情绪，一方面促进肾上腺素分泌。

同样也要注意休息，不能让肾上腺素一直保持高水平，所以每次一门考试结束后，我都会让学生立刻趴下来休息 20 分钟，我自己也是在教室里静静坐着陪伴学生休息。

4. 学会控制节奏

血清素能使人情绪稳定、从容、冷静、思维清晰。当血清素水平不足时，人的情绪波动会变大，容易产生不安、焦虑等各种负面情绪，还会影响一个人的食欲和睡眠状况。

促进血清素分泌最简单的方法是上午晒太阳和有节奏地运动。

大脑在接受阳光的刺激后，就会开始分泌血清素。主要分泌时间在上午，到了下午就会减少，所以多在早上晒太阳。因此上午出去做广播操或者跑步或者上体育课，是非常好的方法。我尽量把我们班级的体育课调换到上午。

散步、慢跑、大声朗读课文以及吃东西时细嚼慢咽，也属于有节奏的运动，也可以促进血清素分泌。为了能让学生们吃饭时细嚼慢咽而不是急急忙忙吃几口就走了，当我们班级轮到在教室里用餐时，我就在教室里给学生们添饭；当我们班级必须到餐厅就餐时，我就一直站在餐厅里，不允许学生吃几口就走，一直等到大家基本吃完了我才离开。

5. 保证充足的睡眠

当睡眠不足时，我们的注意力、记忆力、思考能力都会大幅下降，做事的效率肯定也会低下。睡眠不足，人的精气神不好，非常容易导致抑郁。

褪黑素和睡眠的关系非常密切。当外界的光线下降到一定程度，大脑就会开始分泌褪黑素，褪黑素会减慢心跳，降低体温和血压，把全身各个组织切换到休息模式。充足的褪黑素能让人更快入睡，拥有更好的睡眠。

为了确保学生能够得到充分的睡眠，我做了一些尝试。

首先，课代表每天把各科作业写在黑板上，方便学生抄写，也方便我了解当天各科的作业量。如果作业量有点多，那么我的语文作业就先取消。如果某门功课的作业量特别多，我就及时和任课老师沟通。控制作业量，就可以让绝大部分学生保证睡眠时间。

其次，控制手机。周一到周五学生手机放在家长手里，这样学生入睡前就不会玩手机，否则交感神经系统会处于活跃状态，副交感神经系统被抑制，这就会影响褪黑素的正常分泌，让人因为过于兴奋而无法入睡。如果有家长无法控制学生使用手机，就让学生把手机交到我手里，周五放学时还给他，周一早晨给我。这是一个很艰难的事情，但是绝大部分学生和家长可以做到。

然后，教给学生提高睡眠质量的方法。比如我有一个奖品是感应小夜灯，关了大灯，开了小夜灯，躺到床上。我们的大脑是根据外界光线的情况来判断是否分泌褪黑素。所以打开微暗的床头灯过一段时间，褪黑素的水平就会自然提高，使人产生睡意，这个时候喊一声"关灯"，房间里就黑暗了。

比如告诉学生晚上 11 点人体开始排毒，所以必须在 11 点之前房间进入全黑状态，睡着后，人体就能很好地排毒了。比如要求学生每天泡脚读英语，既完成了第二天英语默写的复习，又通过泡脚、扩张足部血管、促进下肢血液循环、加速新陈代谢、缓解疲劳。而泡脚刺激脚部末梢神经、抑制大脑皮层、减少大脑血流量、帮助睡眠。

合成褪黑素的原材料就是血清素。血清素的分泌量在上午最大，到了傍晚血清素就开始转化为褪黑素。想在夜间保持充足的褪黑素，就要在白天分泌足够的血清素。所以白天晒太阳和有节奏的运动非常重要。光靠夜晚睡觉是不够的。农民白天劳作，傍晚回家倒头就睡，想来就是这个道理。

6. 提升抗压水平

内啡肽是一种可以帮助我们处理疼痛、压力和情绪等事情的神经递质，也能让人感到幸福、愉悦，加强记忆力和专注力。以下是提升内啡肽水平的方法。

一是放松。比如听喜欢的音乐、看美景、和宠物玩耍、冥想等。当人们在处于平静放松的状态时，大脑会分泌大量内啡肽，让我们感到幸福安宁。我的奖品中有漂亮的杯子茶具、可爱的玩偶、温润的小石头，就是这个道理。考试前让学生做三个深呼吸也是很好的方法。

二是运动。运动除了能促进多巴胺分泌，还能刺激内啡肽分泌，这两种神经递质的效果叠加在一起，会让人在运动后学习效率显著提高。别以为体育课后学生上课效率会低，恰恰相反，运动后的课堂思维更加活跃。一直坐着不动，才会大脑缺氧、恹恹欲睡。

三是吃辛辣的食物。这个你想不到吧？吃辣时，大脑也会分泌出内啡肽来缓解疼痛，让人感到舒服。所以无辣不欢、吃辣上瘾，火锅麻辣烫大受欢迎。因此，我给学生下的面条里会适当放一点点牛肉辣酱。

四是泡热水澡。泡热水澡时大脑会分泌内啡肽。泡完后，觉得身心舒畅，头脑清醒，这都是内啡肽的效果。所以我让学生泡脚也是出于这个原因。

7. 生命的美好"始终在场"

学生家长在外地打工，我给骑车上学的 16 个学生每人买了一副绒手套。就算爸爸妈妈不在身边，依然有人爱着你。放在走廊里的一次性雨衣随时备用。

午饭时老师或者同学帮着添饭。只要一个人的生活中，能够感受到有人关心着他，他不会孤独。学生每天午睡 20 分钟，每次午睡都有同学帮他盖一个小毯子。孩子的书包坏了，父母不在身边，我就来缝缝补补。

我会利用语文课带孩子们到校外野地里去赏樱花，心里有美的孩子更加阳光；我会让学生跟好朋友一起站在树下与春天合个影，打印出来塑封送给学生们，让大家惊喜万分，同学间的珍贵情谊也更深藏于心。

学生们把小苗苗带回家里去养，能让生命教育真正落地生根。孩子们看到一个小苗苗长成了一棵小树，一个小苗苗变成垂下来的长长藤蔓，生命的美好与顽强清晰可见。

8. 快时代用"慢文字"入心

在师生日记中我总是倾听，常常安慰，偶尔治愈。我常常半路接班，两年就写了 500 多本师生日记。

有个孩子在日记里说：这个日记，是一个老师来提高写作水平，是一个医生来调整心态；是一个港湾，每日停泊；是一个风景，注重生活的美；是一个家，是一个心灵的归宿。在这里老师也是朋友，写日记不是一个负担，反而是一天的放松。

9. 用"沉浸式"劳动获得快乐

对于脑力劳动者而言，体力劳动是最好的休息。

在寒暑假，我会让学生们在家里学习做菜，等到一开学就满满的一墙学生劳动的照片，《悦劳动越有味》校本教材应运而生。当一个人在学习做菜的时候，会沉浸式进入，忘却其他所有，这对于身心健康是很有利的。

10. 教会家长"爱孩子"

家长都爱自己的孩子，区别在于是否真的会爱。每次开家长会都教家长"爱孩子"，教会了家长开家长会时和孩子靠得紧一点，把手搭在孩子的肩膀上，摸摸孩子的头，表达对孩子的爱。

一个久违的拥抱让父子两个都泣不成声，这么长时间闷在心里的不良情绪，说出来就好了。

在家长会上让孩子跟父母一起包馄饨，很多孩子的家长在外地打工，跟孩子很久没见面了，这是一次美好的全家团圆。孩子们笑得多开心。

乐观和爱是生活的解药，今天不容易，明天也许会更难，但是后天终将美好。生活就是山重水复疑无路，柳暗花明又一村。如何预防抑郁症，如何让学生成为身心健康的人，这条探索之路，我会继续摸着石子过河。艰难，但很有意义。

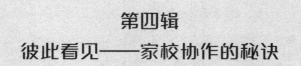

第四辑
彼此看见——家校协作的秘诀

我们心心念念的家校协作，是一个很美好的愿景，如果彼此看不见，会彼此生疑惑，彼此生埋怨，彼此难合作。真正要达成愿景，需要脚踏实地的行动，而彼此看见，是协作的秘诀。

彼此看见——家校协作的秘诀

■ 沟通，不仅让家长看到老师对孩子的教育，也让老师看到家长的内心世界。

中考已经结束，成绩还没有出来，家长们需要先来学校填志愿，正是最煎熬的时候。

家长们开始不停地给我发消息，却不是催问啥时候可以知道成绩，也不是咨询志愿怎么填。

"我和孩子一起一张张翻看着纪念册，看着孩子们和老师们相处的点点滴滴，作为家长的我们更多的是感动和感恩。从初一最乱的班变成初三最好的班，是于老师以及各科老师们的真心、爱心成就了现在的他们。我跟孩子说以后不一定还能遇到对你们像对自己孩子一样的这么好的老师了，我们和孩子铭记在心！在他们的学习生涯中，这段旅程估计是最难忘最珍贵的回忆了！遇到各位老师是我们家长和孩子的幸运！谢谢老师们的辛勤付出！感恩！"

家校协作的秘诀是什么？这一段家长留言给出了很大的信息量，家长需要看见老师的真心、爱心，看见孩子和老师相处的点点滴滴，看见老师对学生像对自己孩子一样好……

"一次次看见老师们的无私奉献，传说中的别人家的老师被我们的孩子遇到了，真的是孩子和家长的福气！"

"马上要毕业了，孩子天天和我说真的舍不得离开老师。您教会了孩子很多

229

事，每一次看见您的用心，看见您无私大爱的付出，我无法用言语表达，除了感恩还是感恩！"

在这两段家长留言中，"看见"一词被更加清晰地表达出来。

我想起自己孩子第一天去读幼儿园的时候，我常有偷偷去幼儿园看一看的想法，看看自己的孩子在人群中是什么样子，是欢乐还是惊吓；看看孩子的老师上课时是什么样子，是和蔼还是凶相。

将心比心，我明白了家校协作的秘诀——彼此看见。

◆ **彼此看见需要有载体。**

1991 年时，我在城乡接合部学校工作，在那里，拥有固定电话都是一种奢侈。有时候学生犯错，我需要让家长到学校里来一趟，我常用手写书信，让学生带回家，先客观地把学生犯错的情况说一下，让家长事先有所了解，再告知家长学校政教处需要和家长面谈。

这样的事先沟通，让家长不至于觉得突兀，也能够对事情知情，这样到政教处的时候也省去了叙说事件的过程，立刻进入处理阶段。更重要的是家长收到信后可以在家里就开展家庭教育，避免了有的家长在啥也不知道的情况下听到老师告状后暴跳如雷，对孩子一顿痛打痛骂，造成孩子更大的叛逆。

有的家长还不认字，所以家长会的时候我还关照家长拿到书信需要找村子里认字的人读一读，以免孩子读的时候欺骗了家长。

这样的书信不封口，学生本人也可以打开看，在老师的字里行间，学生看到的是对事件的冷静客观的叙述，看到的是老师诚心诚意希望家长、学生、学校一起处理问题，把坏事向好事方向过渡，这样的做法本身就是对学生一次很好的教育，让孩子看见老师遇到糟心事的时候是如何坦然地客观、冷静处理的。

就算是在 20 世纪 90 年代教师工资待遇很低的时候，我还是买了奢侈品傻瓜相机，买了黑白胶卷（彩色实在太贵，真的无力承受），拍下了带学生出去郊游的照片，到照相馆里冲洗了出来送给学生。照片里学生们的欢喜笑脸，让家长们看见了学校在培养学生身心健康发展上做出的很多努力。

渐渐地有了 CALL 机、手机，但 1999 年时我依然选择采用最原始的文字和照片方式让家长看见孩子的在校生活。

1999 年我创办了寄宿制学校家校沟通的半月刊《桥》，在半个月的时间内收集整理学校的教育动态、班级活动、习作欣赏、教师风采、家教经验、心理健康，以文字和照片的形式最大可能地呈现学校生活，最后一页附上班主任留言，印刷成册，由学生带回家交给家长阅读，周一返校时，裁下家长留言带给老师。

这样的做法，让家长看见了学校教育的方方面面，他们更感兴趣的是每一期最后一页的班主任留言，虽是三言两语，却是私人订制；而班主任每次收到家长留言时也是仔细阅读，更多地了解到了家长的心声。

记得 2005 年有一次初一新生入学考试，家长们都在餐厅里坐着等，我看他们闲坐无聊，就让校工去我办公室搬出所有多余的一期一期《桥》给他们阅读，正好可以更多地了解这个学校，也算是一次很好的招生宣传。未承想等学生考试结束和家长会合准备回家时，家长们怎么也不肯把手里的《桥》还给学校，说实在是太好了，一定要让孩子回去好好看。

这一次造成的巨大"损失"就是我自己再也无法拥有一套完整的《桥》，最后收起来只有寥寥几本，让我欲哭无泪，但心里越发明白家长是多么渴望"看见"教育、"看见"学校、"看见"老师、"看见"孩子。

当没有条件创办《桥》的时候，我选择了每个学生一本软面抄，名为《家校留言本》，由我在一周内一本本写下两三百字的学生一周记录，相当于班主任留言，再由学生周一带回去给家长留言，就这样每一周来来去去，教师和家长在文字里彼此"看见"。很多家长感慨地说：我们只要写自己一个孩子，而老师需要写全班五十多个孩子，真是不容易。

2007 年 8 月，有个学生的父亲车祸去世，来不及说一个字的遗言，让妻子和女儿悲伤不已。他留下的那本《家校留言本》上，除了我的每周记录外，剩下的都是他写的每周留言，字字句句写满对女儿的深切期待，成为父爱永久的保存。

这次事件，让我再一次感受到家校协作中"看见"的意义。文字的沟通，不仅仅让家长看到老师对孩子的教育作为，也让老师看到家长的内心世界。

如果只有文字沟通，家校合作依然是单调的，也无法做到每天的及时有效。2006年12月，我开始写教育博客"三年的缘"，只要条件许可，我基本每日更新，栏目内容也是渐渐增加，37个子栏目让家长爱不释手，很多家长告诉我他们新养成的习惯就是上班开电脑，打开博客"三年的缘"，"教学日记""师生之间""家长留言选登""班级故事""于洁的随笔""优秀习作""我写给学生"等栏目，最受家长欢迎。

其中"家长留言选登""家长谈心得"让家长"看见"了家长。有些家长本来对孩子各种不满意，留言中充满说教和指责，导致孩子的叛逆强烈，看了其他家长的温和坚定、循循善诱，也渐渐改变了言语措辞态度，和孩子的关系融洽起来。这样的同伴引领，教师不动声色，但是效果极佳。

除了博客，渐渐又有了QQ群、微信群、手机电话和短信，但万变不离其宗，所有的联络方式，都是为了让彼此"看见"。

◆ 彼此看见需要有真诚。

教师和家长的工作种类不同，隔行如隔山。

社会上对教师职业的误读大部分停留在"老师这个职业很轻松的，不就是上两节课批批作业嘛""老师收入高，还有寒暑假和双休日，很开心。""孩子犯了错老师就知道打电话喊家长，那还要老师干吗？"……

教师也很容易忘记家长的职业特点，比如教师自己下课了想起某个学生作业没做，赖了几次了，就抓起手机给家长打电话，想询问原因。但很可能家长的职业是建筑工人，在脚手架上高空作业无法接电话；很可能家长晚上上班白天睡觉，没法及时回复QQ群里的信息；很可能家长请假被上司骂还被扣了很多钱……

每个职业都有自身的特殊之处，也都有无法言说的苦楚，只有将心比心，彼此"看见"才能彼此体谅和互助。

沟通时的措辞，见面时的微笑，孩子犯错时的客观公正与解决问题时的善意与期待，评价孩子时的完整性与细节描述，都会带给家长不一样的感受，让家长觉得自己的孩子是被善待的，这是家长对老师认同、放心、信任，和老师协作的基础。

我目前手里的学生是来到另一座城市的乡镇学校就读初中的留守儿童，他们的父母当年背井离乡，到城市打工，绝大部分的人都难得再回老家。

记得有一次我和学生从古诗中的乡愁聊到他们的老家，很多孩子流了泪。在当天的学生日记中，很多孩子用真挚的文字回忆了自己在老家的贫苦却快乐的生活，对依然留守在乡村的老人的担心与留恋。这些文字被我整理成电子稿以微信公众号方式呈现给家长们看，一石激起千层浪，很多家长抑制不住内心的情绪，以文字的形式写在家长留言上给我看。那些朴实的、细腻的、真挚的文字，哪怕字歪歪扭扭，哪怕毫无华彩可言，却深深打动了我。让我更深地了解了他们，理解了他们，怜惜了他们。我再一次打成电子稿做成微信公众号，发给孩子和家长看。孩子在这些文字里"看见"了那个整日在工地上忙碌的、不苟言笑的父母内心的情绪波澜。父母在这些文字里"看见"了似乎只知道吃喝玩乐不思进取的孩子的内心的复杂与悲伤。

这一次老师、学生、家长共同写乡愁，前所未有地拉近了彼此的心灵，从"看见"到"走近""贴近"，到达彼此懂得与怜惜的层次。

这也正是学生中考后，很多家长不愿离开，一个个含泪紧紧拥抱我的很重要的原因。我们不再是单一的家校关系，而是真诚的朋友。

◆ 彼此看见需要有氛围。

每次用一个星期的时间分批召开小型家长会，分批次是考虑到学生不同的情况，更考虑到给家长选择时间的余地。这是对家长的一种体谅，让他们真正安排好工作，没有负担和不满情绪。我把时间定在当天傍晚学生放学后的5：30—6：15之间。家长一个个来，我就和家长、孩子一个个交流，交流完一个一个离开，这样相当于私人订制的一一面谈。在教室的某个角落，用我们彼此能够听见的音量，有很好的隐秘性，考虑到家长和孩子都饿着肚子，我也会准备好一点小饼干或者八宝粥，让他们先垫垫肚子。这样的人情化更利于营造彼此信任的氛围。

幻灯片和视频的呈现，一张张班级活动的照片，一个个师生融洽的瞬间，更能让教室里的氛围变得温馨、温情、温暖。家长再次"看见"老师的忙碌与劳累，"看见"孩子的努力与辛苦，所以每一次小型家长会我们首先是互道一声辛苦了。

QQ家长群氛围的营造主要靠文字的魅力和表情包。放下彼此端着的架子，以一种轻松幽默的方式聊聊，效果很好。比如学校原本通知8：00召开填志愿家长会，我们班主任已经转发家长群，可是学校考虑到可能8：00开始家长会，再去电脑房填志愿来不及，就改成了早晨7点。

我在家长群里这样发了消息：号外号外，原定8：00改成7：00,7：00,7：00。请家长7：00准时到校，俺们不见不散！

家长们看了乐呵呵。等他们到了学校后，每人先发了一块小麻饼，"担心你们起得早，没来得及吃早饭"。

如果您是家长，是不是也会很开心遇到我这样的老师呢？

我们心心念念的家校协作，是一个很美好的愿景，如果彼此看不见，会彼此生疑惑，彼此生埋怨，彼此难合作。

真正要达成愿景，需要脚踏实地的行动，而彼此看见，是协作的秘诀。

家校合作，从"我能倾听你"开始

■ 家校之间，首先是人与人之间。

　　她留着短发，耳朵被遮住了，难得有一次她把头发拢到耳后，一个闪闪发光的耳钉跃入眼帘。

　　"把耳钉摘掉！"我迅猛出击。

　　"为什么？"她吓了一跳，随即反应过来说，"学习委员也戴的，谁谁谁谁谁都戴的。"

　　"戴耳钉的人都给我叫过来！"我心里毛毛的。这个班级半路接手，我是第四任班主任，第九任语文老师（你看了一定很吃惊吧）。男生问题多多，现在女生也来凑热闹。

　　她们静静地站在我面前，我突然回过神来，心里说："于洁啊于洁，你忘了她们都是来自安徽、云南、贵州、重庆山里田里的异乡人。"

　　是啊，她们中很多人出生没多久就被父母打了耳洞了。

　　这是我工作30多年来第一次遇到的一批生源，49个学生，没有一个是本地学生，全部是积分生，来自全国各地。他们是这个时代中一种新的生源——小镇留守儿童。他们的父母十多年前离乡背井来到这个江南的城市打工，为了给孩子更好的生活，他们把孩子留在这个乡镇上读书，自己到上海打工。

　　学生们有的寄宿在亲戚家里，有的兄弟姐妹几个生活在一个房子里，有的和老人一起生活，有的就是独自生活在一个空荡荡的家里。

看着她们静静地站立在那里，一个个瘦瘦弱弱的样子，我的心中充满伤感：

一个孩子对世界的安全感很大部分来自童年、少年时代和父母生活在一起，天塌下来有父母顶着。可是她们的天，不在头顶上，在远方。

一个人最美好的回忆是童年时代，那是人的根，是人生最初的那一口奶水，滋润一生。可是，她们的根，不在这里，在远方。

我决定做点什么。

雷打不动的学生"每日一记"写了两个月了，因为没有任何话题的拘束，学生们写得天马行空，有时候一个学生写了自己对老人的怀念，源自真情，被我在班级里一赞赏，第二天收到的"每日一记"里一大串关于对某个老人的记忆，我也凑个热闹，在"于老师日记"上写一写我对祖母的怀念；有时候某个学生写了自己家乡的某种美食，被我在课上一朗读，第二天铺天盖地的家乡美食。

我想，渠道开挖好了，水自然要下来了。

少安毋躁，我还要点一把火。

打开购物网站，下单3瓶云南鸡枞菌。周四的饭桌上，学生们拌在饭里分而食之，一个个心满意足又意犹未尽的样子。

"怎么会有这么好吃的菌子？！"

"我家乡就是云南的，雨一下，地上就长菌子了，我知道我们村子里每一处长菌子的地方！"

"我们那里没有鸡枞菌，可是有辣酱，那种辣是要辣到心里去的，拌在饭里、面里特别好吃！"

饭后，下午第一节课，我狠狠地上了汪曾祺的《昆明的雨》。作者对于第二故乡昆明的记忆扑面而来，倒挂的仙人掌、鸡枞菌、杨梅、缅桂花，柔美亲切的人，还有渗透在字里行间的情意。来听课的老师给我的QQ上留言说：听完课，按捺不住激动的心，下单，买了鸡枞菌。

而我，清晰地看到了课堂上好几个学生泪光闪闪。

很快地，"每日一记"里关于故乡老家的记忆，滚滚而来。

我在周五的"家校联系单"上展示了一些学生们"每日一记"上的话语：

A：读《昆明的雨》时，我是满怀着情感的（真的好喜欢这个文章），看了老师屏幕上展示的胡于娜的文字，更是有些抑制不住，鼻子酸酸的，泪水已预备好了。于老师想让我们写一篇《老家》，我想我估计几万字都写不完，那些限制住了的小格子还真是让我有点犯难。

B：家乡经常下雨或者起雾，很多山把我们那个村子包围起来，形成半圆。淅淅沥沥的雨中，家后的竹笋长起来了，我与小伙伴一起锄竹笋。旭日东升，阳光照射在树木上，树木经过了昨天雨水的冲洗，绿得耀眼发光。家乡如此，怎不叫人迷恋？

C：门口院子里的石榴树，火红的果子镶嵌在绿葱葱的叶子间，如颗颗红宝石闪闪发光。洗完澡，搬来凳子到门口，喝着茶，吃着石榴，扇扇风，别提有多惬意。就那样静静地在那里坐着，不舍得入睡。梦里也有颗颗红宝石，甜滋滋的。

D：家门口有一条小河，周围是几棵杨树。爷爷奶奶喜欢搬一张长凳在树下聊天。小河不深，夏天我会和小伙伴在河水里嬉戏打闹，爷爷奶奶坐在树荫下看着我们，眼里充满和蔼。真想回到老家，真想回到小时候。

E：老家过年的时候，街上的人堵得路都走不了，陪着妈妈在街上买东西，一会儿就能遇见一个熟人。大年初一会去各家拜访，我最爱的是可以拿着袋子一家家去拜年，他们也会拿各种零食往袋子里放。我爱的不仅仅是那些零食，更是那种红红火火、热热闹闹的氛围。

F：老家的窗外虽然皑皑白雪，但天真的孩子们戴着手套、小帽子，围着围巾，依然在一望无尽的雪地上欢天喜地地玩耍，树上没有春天的繁密叶子，却像穿了一件雪白的棉袄一样。它站在那里，笔直笔直的，好像身处两世，冬天的寒冷好像与它无关一样。家乡的一切，让我依恋，连空气我都很珍惜。

　　G：过年时回老家，山路，车子进不去，大晚上打着手电筒回家，下着雪，泥泞的道路上有些滑，我却很喜欢。人家种的菜，养的牲畜，都在手电筒的光亮里一一看见。清早，一座座山里烟雾弥漫，仙气腾腾。雪下大的时候，我躲在屋子里烤炭火、写作业，哥哥在外面为我堆雪人。一切记忆犹新。如今老房子没有了，再也走不了弯曲的山路，再也回不到从前了。

　　我无法忘记我在阅读时的心头哽咽。我终于找到了一种独特的方式——文字，安放了他们无处安放的乡愁。你以为小小少年没有乡愁吗？

　　在那天的"家校联系单"上，"家长留言"这个板块边上，我留了一行字：如果有家长也能在这里写写老家的一些景、物、人、事，很欢迎哦。

　　我没有抱太大的希望，毕竟这些孩子的父母文化水平都在初中左右，一个大学毕业的人平时不下手写文章，难得写一次时都会犯难，何况他们？

　　我心里想着：哪怕有一两个家长能写个一两句话也很好。

　　可是，一切都在意料之外，又在情理之中。

　　A家长：家乡让我魂牵梦绕的还是母亲的那座孤坟，每次回家都去看一看，摸摸那块冰冷的石碑。从前还能带着孩子去陪妈妈唠一唠家常，现在不能了。独自一人去坟上肯定是落泪一场，每一次都是深深的自责，为了工作、孩子、家庭，母亲的整个病期，我竟然一次也没陪伴病重的母亲，每次都匆匆回匆匆走，直到再也见不到了，才明白"子欲养而亲不待"的含义。这件事就像千斤的巨石压在心头，多少次梦里都喘不上气来。老家还有头发花白的老父亲，近年来回老家的次数增多，电话打得勤快。

　　B家长：让我最怀念的还是上学的时光，因为那时都是无忧无虑的，在上学路上的两边都种满了一棵棵大槐树，上学时叫上三五个同学走在郁郁葱葱的树荫下面，说笑着、玩耍着，高高兴兴地去上学。

最期待的还是过年的时候，因为父母亲常年在外面工作，只有过年的时候才能在家里面待的时间长一些。大年三十晚上，全家人坐在电视机旁看看春节联欢晚会，那是最开心的事，全家人在一起嗑着瓜子，看着电视，说说笑笑，我们现在都已离开老家，最大的心愿是父母亲一切安好。

C 家长：我的家乡汉中，每到春天，金灿灿的油菜花开满了整个田野。听说过养蜂人吗？每到这个时候，田埂上、马路边放满了蜂箱，勤劳的养蜂人忙着换蜂巢板、取蜂蜜，辛勤的蜜蜂在忙着采蜜的同时也在帮农民给菜花授粉。

D 家长：提起我的家乡蓝田县，很多人会想到蓝田美玉或蓝田猿人遗址，其实家乡还有奇特险峻的王顺山，有白鹿原影视城等，人文景点众多，被称为西安的后花园。西安有很多好的大学，希望你努力，能考回老家上大学，加油！

E 家长：记忆最深的就是老家的门前有一条大河，到了夏天的时候，伙伴们一起下河游泳、戏水、捉青蛙，如今回去已是物是人非，天南海北的人，很难聚在一起，现在想起来真是有点怀念。

F 家长：老家的那条小路，唯一的那条通往村外的小路，如今已经成了水泥路，再也没有了当年的感觉，只能保存在记忆里了。

G 家长：我的家乡在大山脚下，这里长满了樱桃树，春天樱桃开出满山遍野粉色的花，五一过后樱桃成熟，一个个像玛瑙一样，又红又甜惹人喜爱，我爱我的家乡。

H 家长：出门打工好多年了，但提起老家的人和事我还是记忆犹新。小时候没有电，炎热的夏天，村里的人们，每家都摊上凉床，一起乘凉，一起聊天，热闹非凡。芒种的时候你帮我、我帮你。就连秋天杀鸡杀鹅，也是你帮我拔毛，我帮你拔毛，串门聊天那是再正常不过的事情。哪像现在住上几年的邻居，还有不认识的。我想念我家乡人们的热情。

I 家长：虽然在外漂泊了二十多年，也已习惯了现在的生活，但只要时间允许的情况下，还是会回老家看看家乡的风景，还有亲人、邻居、朋友。总感觉自己的根是在那里，无论到哪里还是时常想起家乡，当夏天回去看到那满塘的荷叶，就会想起儿时拿着铁锹挖藕的情景，又仿佛看到那个黑乎乎满身泥巴的我。回去的时候偶尔还是会挖藕，寻找儿时那份快乐。

J家长：回忆老家就像汪静雯同学写的，估计几万字都写不完，真的，老家有太多太多的回忆，太多太多美好的瞬间，都一直珍藏在心中。我的老家在重庆郊外，去外面都是翻山越岭地走路，人很多。现在公路修好了，人却越来越少，往日繁忙的农耕景象也不复存在了。

K家长：对在外打拼的我们来说，老家变得熟悉而又陌生，对于中年的我来说，更是有些恍惚了。我的家乡让我最怀念的便是那老城墙、牛杂面，还有巷子里悠扬的叫卖声。想起读书时代周末回家，老爸便会带我去吃又辣又爽口的牛杂面，那是家乡的味道。若遇上赶集那就更开心了，新奇的小玩意儿琳琅满目，让人看花眼。

随着毕业外出打工，到后来老爸离我而去后，在外漂泊的我对家乡的记忆慢慢退去，留下的更多的是怀念。偶尔有机会回一趟老家时，总忍不住给娃介绍养我的那方土地，希望他们长大后也有自己怀念的地方，老家永远留在心底。

L家长：看到同学们写自己老家的作文，让我想到带孩子们回老家过年的情景。童年的记忆是一辈子的诗歌，永远留在脑海里，就像候鸟的迁徙。

M家长：老家一年当中最大的节日是过年。我是北方人，北方过年很有年味，贴对联、挂灯笼、祭祖、放鞭炮，年货的置办要花很多时间，直到过年那天，把提前准备好的年货拿出来，做花样馒头，祭祖的贡品，还有大年三十的饺子。饺子里面都包着硬币的，谁吃到谁就来年运气好，挣大钱。吃完饺子拜祖宗，老人会给小孩压岁钱，大人孩子一起守岁。

N家长：我的家乡在福建长乐岭南西湖平安村，村中间树立着陈氏祠堂，现在我们村有2000多户，每年都为学生们奖励助学基金，考上重点初中、高中、大学都有1万元的奖学金。家门前有湖，每逢端午节，有几十条龙舟在湖中比赛。

O家长：我的家乡非常美丽，每年春天来临时真是百花齐放，小草从地面钻出头，一片片柳树发芽，还有绿油油的田地，白天听到小鸟叽喳的叫声，晚间天空上有满天的星星。冬天的天气特别寒冷，每年的冬天都会下雪，雪花飘落在屋檐下，落在树枝上。雪越下越大，盖满了屋顶、马路，压满了树枝，我的家乡风景、空气都特别好。

P家长：离家二十多年，记忆最深的还是儿时种下的一棵枣树。春天满院枣花飘香，米黄色的五角花散发着沁人心扉的香甜。夏天一颗颗绿色的小精灵随风跳跃，仿佛诉说着对未来的期待。秋天，红玛瑙的果实挂满枝头，让人垂涎欲滴，摘一颗放入嘴里，又脆又甜，那是儿时最甜美的回忆。

Q家长：我的家乡有许多美丽的景色，而最有特色的是茶树。从远处看漫山遍野的茶树，像一把青葱苍翠的雨伞，从近处看像小女孩的发夹，春天茶树上是嫩绿的叶子，过了一段时间就会开出雪白如玉的茶花，有的像美丽的雪花，有的像穿着裙子的小姑娘，还有的像如花似玉的茶花仙子，到了秋天茶树上会长出奇形怪状的茶籽，有的圆溜溜的，有的是椭圆的，有的像米老鼠形状，山茶油十分好吃。

终于明白，什么叫真正的文字。有个家长的字笨拙到像一根根火柴棍搭出来的，可是认认真真写了长长的7行字；有个家长写的字很难辨认，却写到没有地方再写才停笔。

有个家长给我发消息说："老师，这些话在心里憋了二十多年了，终于一吐为快。"

我把家长们写的文字整理了一下，做成了一张新的"家校联系单"，附上于老师的感慨："源于真情，所以动人。家长们离乡背井，来到异乡打拼，为了自己的孩子有更好的生活。愿你们的辛苦与乡愁都能被孩子们的懂事安慰。愿你们的真情永远不要被孩子辜负。"印发给学生和家长。

在转发到我朋友圈的时候，我写道："家校合作，首先从'我能倾听你'开始。家校之间，首先是人与人之间。"

程宏衍老师留言说："这是城市化进程中产生的一种新的生源，关注、研究的人还不多，而越来越多的班主任开始接触到这类生源了，需要更新教育理念和教育方式。将心比心，真心换真心。"

从耳钉到鸡枞到乡愁，从学生"每日一记"到"于老师日记"到"家校联系单"，我渐渐走近这些孩子这些家长。在"每日一记"里我倾听着这些孩子的寂寞与迷茫；在"于老师日记"里我引导着这些孩子确立目标奋斗拼搏；在"家校联系单"上我用真心化解家长们内心的乡愁和焦虑。

有人说教育是唤醒，究竟唤醒的是什么？

也许答案各异，也许有一种答案又会获得很多人的赞同：唤醒学生内心的学习积极性，提高学习成绩。

我不想我的教育是这样狭隘的，我希望唤醒学生和家长内心的美好的情愫。

"双减"之下，怎样做好家校协作

■ 家校之间的合作，是美好的愿景，也是彼此的渴求，更是教育的最佳状态。

　　每次谈论家校合作，似乎就是老师和家长的事，我们反而容易忘记了我们合作的最终目的是孩子的健康成长。脱离了对孩子的有效研究，一切所谓的家校协作都是空对空的理想主义。

　　就像妈妈说要给孩子多穿点，爸爸说孩子容易出汗不该穿得多，却都忘记了摸摸孩子的手凉不凉，问问孩子本人冷不冷。

　　所有的研究都要明确"为了谁"，这不仅仅是一个思想方法问题，更是一个立场问题。只有明确了研究的根本宗旨，才能从根本上解决"为了谁""依靠谁""我是谁"这个根本问题。这一点，是我在读毛泽东主席的《在延安文艺座谈会上的讲话》时得到的很深的启发。

1. 为了谁？——孩子们

　　很多老师和家长都说看不懂"00后"的孩子。为什么？从小就熟练使用手机等移动互联网工具的"00后"，见闻和视野早就超越了他们的前辈。手游、动漫、玄幻文学、独特词汇在"00后"群体中广为流行。他们生活在一个文化、价值多元的年代。开放、自信、国际化，成为他们的特征。

　　我们有很多老师觉得不可思议：现在的学生怎么会有一种"谜一样"的自

信？没错，在学习之外，他们每个人都有一点绝活，是老师想象不到的，所以他们自信。比如你觉得这个学生成绩一塌糊涂，就知道打游戏。你却想不到游戏给他（她）带来了很大的自信，因为别人打不过他（她）。也许在游戏界里，他（她）就是王者。

家长们更是无法想象、无法理解、无法沟通，所以亲子关系前所未有地紧张。家长和孩子都很痛苦。孩子在家里，精神上是很孤独的。

华东师范大学心理咨询师陈默老师说，孩子已经变了，家长和老师们却还执迷不悟。

是啊，如果老师和家长还用老旧的观念看待"00后"孩子，关系势必如同水火。

现在的孩子是很孤独的，虽然很多家长生了二胎三胎，但是好多家长是顾不过来的，管得了老二，忽视了老大。物质上满足了，孩子精神上的需求，应该说绝大部分的孩子都没有得到满足。

比如每天得到父母一个夸赞、一个微笑，每天被父母拥抱一下这些最基本的需求，各位想一下，您满足了自己的孩子吗？

为什么有的孩子沉迷于网络世界，因为在现实世界里他们的存在感很低。

你看，很多家长忙于工作，春暖花开了，有多少父母一起带着孩子走进大自然放风筝？孩子很小的时候不带出去，长大了想带出去，孩子都不愿意了。

在家里，有多少父母放下手机和孩子一起看看新闻，关心一下国家大事？常常是孩子一个人在房间里关闭了房门，家长在客厅里看手机。

有多少父母家里的大事小事都和孩子商量一下的呢？"你只要读好你的书，其他你啥都不要管。"这是很多家长说的话。一旦书没有读好，这孩子就是愧对父母了——这是很多家长的逻辑。

这样长大起来的孩子，是不是很可怜？包括我们很多老师的孩子。

从前家长养儿防老，但现在很多家长面子第一，内卷之下，把成绩看成最大的面子，成绩不好就没有好脸色，就觉得孩子一无是处，这样的养育观念，功利心太强。很多孩子有了沉重的心理负担，容易出现索性"躺平"和厌学的心理。

这不能怪家长，我们老师养育自己的孩子时，也很容易出现这样的情况。

所以，老师要理解家长，和家长感同身受，家校之间不应该有厚障壁。

2. 依靠谁? ——老师和家长

主要是依靠老师带动家长。

目前来看，亲子矛盾中最大的问题，是家长们对孩子唠叨太多、指责太多、欣赏太少、行动太少。在学校里，师生关系会不会也出现这样的现象? 我们老师和孩子相处的时候，必须注意，不要犯这样的错误。

"00后"太需要一个平和的长者去理解他们、懂得他们、引导他们。老师如果能够在学习成绩之外发自内心地欣赏他们、心疼他们，就可以走进孩子心里。

所以家校协作之前，是老师能够有正确的与"00后"孩子相处的模式。老师掌握了正确的方法，才能很好地去教家长。否则就是一种焦虑去点燃另一种焦虑，一种矛盾去燃烧另一种矛盾。

◆ **老师要心疼孩子们，当爹当妈当朋友。**

在我的班级里，我给每个学生都买了一个软垫子、一个小毯子。每天中午有20分钟午睡时间，我坐在教室里陪伴学生午睡，这是我们的任课老师每人省出来10分钟的讲题时间而做到的，雷打不动。孩子们学完一上午的课很辛苦了，等会儿还有一下午的课，无论如何，中午要让他们闭上眼睛歇一会儿，这是我和任课老师们达成的共识。为了让他们趴在桌子上睡得舒服一些，我买了软垫子。上课坐累了还能放在后背靠一靠，天冷了还能垫在屁股下面暖一暖。为了防止着凉，小毯子盖住了脖子、肩膀和后背。

孩子们的父母都在外地工作，无法陪伴照顾孩子们，午餐时间我给他们添饭，为冬天骑车的孩子买手套，给没有带伞的孩子批发一些一次性雨衣，在班级里设立临时早餐箱，为没有来得及吃早饭的孩子充饥。

多年师生成网友，在 QQ 上和学生说话多用可爱的表情包；网课期间没法和学生面谈，那就 50 封信一字一句写给学生来个"见字如晤"；在我自己定制的"家校之桥"上和学生共写师生日记进行每日沟通；每天用一个多小时阅读和留言……

这是作为一个老师的竭尽全力，就算你成绩不好，我也想让你知道，我依然是爱你的。如果家长看到了老师的殚精竭虑，一定也会心生感动。

◆ **老师要体谅家长们，不在 QQ 群点名某家长。**

假如某个孩子确实做了不好的事情，老师需要和家长沟通交流，那就一对一个别沟通，QQ、微信、打电话、面谈、家访，都可以，就是不要在 QQ 群点名某家长。这种事情不可以"杀鸡儆猴"呀，这就相当于在大庭广众之下批评某个家长，家长不管你说得多有理，都会羞愧不已甚至恼羞成怒，憋不住气的也许在 QQ 群里就直接和老师开怼了。

各行各业的作息时间是不同的。有的老师在 QQ 群里发了一些消息，希望家长回复，一旦某些家长无声无息，老师就觉得有点生气，其实大可不必。我们老师工作的时间主要在白天，但是有些家长可能是三班倒或者是上夜班，他们没有办法时时刻刻阅读消息、回复消息，这也是很正常的事情。

隔行如隔山，家长对教师职业是不了解的。家长或许以为老师的工作是很轻松的，上上课，批批作业，有双休日还有寒暑假，他们常常会忘记自己搞一个孩子就焦头烂额，而老师要教育那么多的学生。不在其位不谋其政，这也是很正常的事情。

家长护犊子，但没有人比家长更渴望孩子懂规矩有出息的。任何人，听到别人批评自己的孩子，都会不开心，哪怕知道人家说得对，但还是心里不舒服，这也是很正常的事情。

家长教育水平和能力有高低。有的家长很会教育孩子，但有的家长非打即骂。网络上不还有虎爸狼妈行不行的讨论吗？我们有的老师教育自己的孩子还是满头包呢，更何况能力水平参差不齐的家长？他们在教育孩子上犯错搞砸也是很正常的事情。

我们都不太愿意承认自己生了一个很普通的孩子。谁不希望自己的孩子有出息呢？在这样的心态下，父母眼里出天才，家长的教育常常出现掩耳盗铃、自欺欺人的现象，也是很正常的事情。

老师要换位思考，老师的另一个身份也是家长，将心比心，就会心态平和，觉得很多原本不能理解谅解的事情也可以正确看待了。

◆ **老师要尊重家长们，多召开小型家长会。**

我一般一个多月就要召开三四批次的放学后半个小时的小型家长会，郑重地写下邀请卡，请孩子带给家长；有的家长实在太忙，人在外地无法来参加，那我就用书信的方式来给 TA 补课；有些家长离乡背井十多年在他乡打工，那我像朋友一样倾听他们的乡愁；找个机会把两节语文课并起来，借用学校餐厅办大型亲子活动，和面、擀皮、包馄饨、包饺子，不谈学习，就让孩子和家长亲亲热热、说说笑笑地一起学习生活的技能。

开小型家长会的时候，老师一定要备好课，把每个学生的个性问题在纸条上一个个写好，发给家长。共性问题面向全体讲。不说废话、虚话。

开小型家长会最重要的一件事就是教会家长们怎样做家长。多讲一些干货，让家长们每次参加都有所得，有所悟，有所改变。

比如为了作业的事，家长和孩子总是闹得鸡飞狗跳，那我们就告诉家长什么是错误的表达："说了多少遍了，赶快做作业！不要再看电视了！"什么是正确的表达："再看十分钟就去做作业哦。五分钟后再提醒：还有五分钟哦。"

提醒家长要管理好自己的情绪：语言要平和，逆反不能吼，交流多微笑。

我常常把我和儿子的书信、家里的小黑板给家长们看，现身说法，家长更容易接受。

在家长会上和家长说说心里话：家庭是个复印机。你的样子就是孩子的镜子。你什么样，你的孩子将来就是什么样。你好不容易和孩子团聚几天，最忌讳的事是孩子在做作业的时候，你在旁边看手机。你自己把时间都浪费在手机上，你给孩子做了坏榜样，你就是在给孩子拖后腿。孩子在很小的时候就玩手机，后面再要纠正就很难了。这不是孩子的错，是家长的错。家长自己是"手机控"，没资格说孩子，只能一起改变。

我给家长们看我家里的手机袋，一到吃饭的时候，全家的手机都放在那个袋子里，手机静音时间，就是家庭团聚的温馨时间。

◆ **对于个别过于焦虑的家长，我们怎么处理?**

提醒家长不要去羡慕别人家的孩子，要多发现自己孩子身上的闪光点，不要总盯着他们不足的地方。家长会，我会让家长写下孩子的 5 个优点。我告诉家长，你此生最重要的事情是发现孩子的长处。唯有如此，孩子才是自信阳光的。

我教家长，如果你和孩子发生了争执怎么办？四部曲：1.闭嘴。2.反思。3.自己有问题的地方向孩子道歉。4.学会说：我们和好吧。

我教家长正确看待孩子被老师批评。家长要相信老师的专业性和良苦用心。教育必须是恩威并施、刚柔相济的。

我提醒家长再难也要营造家庭书香氛围。在班级里我开展泡脚和读英语活动，爸爸劳累一天，不妨和儿子一起泡脚、看书；妈妈敷着面膜，和儿子一起泡脚、看书。养身和养儿一举两得，多好。哪怕一个家庭里一天有 10 分钟的书香，也是很好的家庭氛围。

在家长会上，我陆续推出"今天如何做家长"系列，一点一点慢慢教给家长育儿本领。把孩子的身心健康和安全放第一位；家长以身作则，榜样是最好的教育；密切家校联系，要和老师站在一起；接受自己的孩子有可能是个普通人；努力教会孩子生活技能与做人道理。咱们一起慢慢学，一切就会慢慢好起来。这是一个巨大工程，但只要开始去做了，一切才有希望。

家长得到老师足够的尊重，看到老师真心实意地为孩子付出，又体谅家长的难处，就会给老师足够的尊重。敬人者，人恒敬之。

3. 我是谁？——各司其职

◆ **家校协作中明确"我是谁"，各司其职是最好的合作方式。**

有的老师说我是乡村学校的老师，农村地区的家校沟通实效性不大，因为大多是隔代家庭，父母在外忙工作，爷爷奶奶根本就管不住孩子，特别是进入青春期的孩子。不论是学习方面还是心理方面都可能存在问题，我该怎么办？

这样的老师很不容易，遇到的困难是相当大的。当我们无法两全其美的时候，我们唯一可以做的是在学校里给孩子足够的温暖，当爹当妈当朋友。我也一直在努力之中。抱怨和苦恼不能解决问题，唯有去行动，做一些力所能及的事情。进一寸有进一寸的欢喜。

有的老师觉得有些家长太过于焦虑，时不时地向老师吐槽自己的孩子，除了吐槽却一点也不解决问题，结果给老师也带来负面情绪，真不知道该如何与其沟通，怎么办？

第一步，听家长倾诉，不打断家长，让家长完全释放情绪；

第二步，给出某一个建议，不要给一堆建议，不然说了也白说，反而更添家长的焦虑；

第三步，听清楚家长倾诉中的某一个重要的点，去细致观察这个学生，以便于下次和家长沟通时能有所安慰和对症下药。

老师要保持平静，不被带偏，总是倾听，偶尔安慰，给点建议。

◆ **有的家长说要开家长会了，作为家长要注意什么？**

我的建议是争取每次参加家长会至少得到一个启发，回家后去实践。孩子的个别问题，或者家长自己的某个想法，也可以写在字条上在家长会前或者会后给老师，等老师方便时答复。要本着家校协作、真诚相待、同舟共济的一颗真心。

有的家长不知道什么时间联系老师合适，担心打扰到老师。其实大可不必有这种担心，老师是欢迎家长多交流沟通的。家长可以这样做：一开学先拍好班级课表和学校作息时间表，联系老师时先看一下老师是否是上课时间。

有急事立刻打电话联系，不要在 QQ 或者微信上留言。班主任没接就打副班主任或者其他任课老师的电话。

不是急事可以在 QQ 或者微信上留言，不要一句一句发，把事情写成完整的一段话再发，这样老师看的时候就一目了然，也节约时间。

一般情况下，老师中午或者下午稍微空一些，可以联系。如果不是急事，休息日或者晚上八九点后就不要再联系了，让老师也能有充分的休息。彼此体谅。

还可以书信沟通，或者联系好时间直接到学校沟通。

◆ 在合作的过程中，有一个"三明治"请老师和家长都收下：怎么说话，对方才会愿意听？

一开始先说对方的优点，实事求是，有根有据，表达赞赏。

中间谈到目前对方存在的某个问题，有根有据，表达担忧。

最后提出自己的建议，请对方也说说自己的想法，双方达成共识。

这样的"三明治"聊天是真诚而坦率，客观而理智的。

家校之间的合作，是美好的愿景，也是彼此的渴求，更是教育的最佳状态。

在这条协作的道路上，会有崎岖坎坷，只要互相理解、相互体谅，减少抱怨、增加行动，进一寸欢喜一寸，"得寸进尺"，终成坦途。

写给家长和学生的一封信

■ 学生、家长、老师，心与心贴近，情与情交融，成就了教育中美好的风景。

亲爱的弘毅班家长和同学：

写下这几个字的时候，不由得感慨时光飞逝。

记得 2019 年 8 月来到这所学校，站在西门那里，向里张望，想象着我将在这里开启的新一段教育生活，内心的好奇与忐忑，时至今日依然记忆犹新。

两年的时光，在这个栀子飘香的六月，静静地浮现在我眼前。

◆ **我亲爱的学生们，你们让我坚信着教育的力量与美好。**

当我得知我已经是这个班级的第四任班主任、第九任语文老师时；当我得知第一任班主任带班两个月后生病住院两个月，第二任班主任带班一周生病一周，第三任班主任因为处理各种班级事件而根本没有时间复习，导致考编两次不成功时；当我听说班级里上课总是各种吵闹时；当我看到初一期末成绩年级垫底时；当我听说之前家长的各种不满意时；当我上第一堂语文课师生完全没有任何默契互动时……我的心中也是惴惴不安的。

◆ **是你们给了我莫大的勇气。**

我站在讲台前，对你们说："之前的一切都清零吧，我们重新开始，从争取拿到第一面常规评比流动红旗开始。"

我清晰地记得一周后升旗仪式时常规评比宣布优胜班级名单报到我们班级时，你们的欢呼声鼓掌声，你们眼中喜悦的光。那一刻，我有了信心和勇气。我看到了你们内心深处向上的力量，我也感受到我的善意和真诚得到了你们的呼应。

从那天开始，我们确定了一个个小目标，开始了华丽逆袭的风雨兼程，直到最后的年级第一名。

我不是神，没有改换班级天地的神力。可我有你们，你们眼中的光、心中的力量，足以给我鼓励与支持。同样地，也是你们，给了我们所有任课老师真诚与善意，使我们的心团结在一起，力量交融在一起，才能创造属于弘毅班的一次次奇迹。

我亲爱的学生们，当你们离开我，踏上新一段征程，遇见新一批老师，我要你们像对我们一样对待他们，给他们信心与力量。

也许有的老师刚刚踏上工作岗位，也刚完成一个孩子向成年的转变，可能热情有余经验不足，我要你们帮助他们，让他们感受到你们的鼓励与支持。

你们在弘毅班人人都做过班长，都知道如何把一个班级管理得井井有条，卫生和纪律的管理操作，我都已经一一教会你们，请你们在高中里遇到青涩的他们时，能够说出那句最帅的话："老师，我来帮你！"

每个年轻老师都会在以后的工作中经历第一年"菜鸟"的过程，无力无助，如果再碰到学生的各种刁难不配合，家长的各种不满意与嫌弃，这些负面的情绪与力量，足以摧毁一个年轻人脆弱的理想。

我要你们挺身而出，拿出我们弘毅班的自强自律和责任担当，帮助这样的"菜鸟"老师快速走向娴熟带班的轨道，学生和老师共同成长，是教育中最美好的风景。

也许有的老师和我一样工作多年，有很多的经验，但也有很多的职业倦怠。我要你们用自己的青春活力唤醒老教师心中沉淀的教育初心和美好理想，让他们和我一样因为有你们这样的学生而内心丰盈，充满幸福感。

我亲爱的学生们，无论是年轻还是年长，每一个老师都爱着你们；无论批评与表扬，每一个老师都在乎着你们；无论慈祥还是严厉，每一个老师都期待着你们。在这个世界上，父母与老师，都是宁愿被你心里恨着也要使劲让你变好的人。

谢谢你们两年来让我一次次感受到教育的信心与力量，让我知道教育虽然如此艰难，却依然如此美好。这是我的幸福。

◆ 我亲爱的家长们，你们让我坚信着人心的善意与真诚。

这个快节奏的时代，焦虑不安的情绪四处弥散，竞争的压力与找工作的艰难，让所有的成年人都为自己的孩子担忧又迷茫。

当年的你们，为了给孩子创造更好的生活条件，背井离乡，历经各种艰难苦楚。我在你们回忆老家的文字里清晰地读到了无法释怀的乡愁。当你们终于能够与孩子团聚时，你们更面临了孩子就学的困难与生活的压力，常常为了工作而没有时间陪伴孩子是你们最无奈的常态。

我理解你们，我们所有的任课老师都理解你们，所以我们尽最大可能在学校里陪伴孩子，教给他们生活与学习的技能，帮助他们战胜挫折与失败。

我欣赏你们，无论多忙，只要我开家长会，你们都会克服一切困难来到班级。正是我初二接班时的第一次家长会，你们一个不缺全部都准时到达，给了我勇气与信心，让我看到你们内心深处对老师的期待与信任。

一次次小型家长会，一次次书信沟通，你们朴实的话语与文字，让我看到你们的真诚与坦率。很多次被你们的"义气"感动，很多次被你们的细腻感动，很多次被你们的信任感动。

任课老师们聚在一起闲聊的时候，也常常感慨你们的不容易。有的家长在浦东工作，为了能够在晚上陪伴孩子，时常晚上十点多钟赶回家里，第二天一早又匆忙去上班；有的家长白天做工，晚上还要再接一个工作……只为了给孩子创造更好一些的生活条件，只为了能够做到工作与陪伴孩子两不误。你们身上也有坚韧不拔的"弘毅"精神，这也是给孩子做了一个很好的榜样。

所以你们的孩子无论分数高低、学习好坏，人品都很好，对老师都很亲，为人都热情，干活都利索。他们的身上，遗传了你们的优良品质，我相信未来的生活中，他们都有自己独特的才能，都会有自己广阔的天地。

◆ 这个世界，只要不懒惰，一切都有可能。你们的孩子未来可期。

我亲爱的学生和家长们，时光飞逝，两年长情，三生有幸。我们和你们相遇、相处、相信、相助，共同成长。学生、家长、老师，心与心贴近，情与情交融，成就了教育中美好的风景。

在我们即将告别的今天，弘毅班全体任课老师送上最美好的祝福：

祝福我们的学生们永远善良、真诚、健康、快乐！

祝福我们的家长们永远健康、平安、顺利、幸福！

学校是你们永远的家园，常回家看看！